W0068479

Sylke Tempel, geboren 1963 in Bayreuth, studierte Geschichte, Politische Wissenschaften und Judaistik. Nach ihrer Promotion wurde sie Nahostkorrespondentin der «Woche», später Redakteurin der «Jüdischen Allgemeinen». Ab 2008 war sie Chefredakteurin der Zeitschrift «Internationale Politik». Zahlreiche Buchveröffentlichungen, darunter «Israel. Reise durch ein altes, neues Land» (2008) und «Die Tagesschau: Das große Deutschlandbuch» (2010). Am 5. Oktober 2017 kam Sylke Tempel bei einem durch den Orkan Xavier verursachten Unfall in Berlin ums Leben.

Freya von Moltke (1911–2010) war eine Symbolfigur des bürgerlichen Widerstands gegen Hitler: Gemeinsam mit ihrem Mann Helmuth James bildete sie den Kern des «Kreisauer Kreises». Heimlich trafen sich die Regimegegner auf dem Gut der Familie, um Pläne für ein demokratisches Deutschland zu schmieden. Während ihr Mann Anfang 1944 verhaftet und später zum Tode verurteilt wurde, fand Freya mit den zwei Söhnen Zuflucht zuerst in Südafrika, dann in den USA. Nicht nur hielt sie als eine der letzten Zeitzeuginnen das Andenken an die Widerstandskämpfer wach, sie spielte auch eine maßgebliche Rolle im schwierigen Prozess der deutsch-polnischen Annäherung – und wurde zu einer der herausragenden Frauengestalten des letzten Jahrhunderts. Auf der Grundlage bisher nicht beachteter Quellen zeichnet Sylke Tempel das wechselvolle Leben Freya von Moltkes nach: von den frühen Jahren im Kölner Bankiershaushalt, ihrer Studienzeit im Hitler-Deutschland, die sie mit einer juristischen Promotion abschloss, bis hin zu ihrer Schlüsselrolle im deutschen Widerstand und ihrem Wirken nach dem Krieg. Das Lebensporträt einer beeindruckenden, mutigen Frau – und ein lebendiges Panorama der deutschen Geschichte des 20. Jahrhunderts.

Sylke Tempel

# FREYA
# VON MOLTKE

*Ein Leben. Ein Jahrhundert*

Rowohlt Taschenbuch Verlag

Veröffentlicht im Rowohlt Taschenbuch Verlag, Hamburg, Juli 2024

Copyright © 2011 by Rowohlt · Berlin Verlag GmbH, Berlin

Die Nutzung unserer Werke für Text- und Data-Mining
im Sinne von § 44 UrhG behalten wir uns explizit vor.

Der Abdruck der Fotos erfolgt mit freundlicher Genehmigung
der Freya-von-Moltke-Stiftung (Tafelteil 1, Seiten 1–8; Tafelteil 2,
Seiten 13 und 15) sowie von Helmuth Caspar von Moltke
(Tafelteil 2, Seiten 9–12, Seiten 14 und 16)

Register Franziska Fandrich

Covergestaltung zero-media.net, München,
nach einem Entwurf von any.way, Walter Hellmann

Coverabbildung Freya von Moltke Stiftung

Satz aus der Haarlemmer bei Pinkuin Satz und Datentechnik, Berlin

Druck und Bindung GGP Media GmbH, Pößneck

ISBN 978-3-499-01467-3

Für meine Schwester Kerstin

# Inhalt

## «Miteinander leben zu lernen» – ein Vorwort

Die Stimmung ist heiter unter den Frauen und Männern, die sich an jenem Pfingstwochenende 1942 auf dem niederschlesischen Gut Kreisau treffen, um über eine zukünftige politische Ordnung zu debattieren. Gastgeberin Freya von Moltke sorgt für reichlich Essen, vor allem ihre Mohnstollen finden großen Anklang. Zwischen den intensiven Gesprächen unternimmt die Gruppe um Helmuth James von Moltke und dessen Freund Peter Yorck von Wartenburg lange Spaziergänge in frühlingsmilder Luft. Nur dass Moltkes Söhnchen Caspar beim Spielen einen Finger so unglücklich in die Speichen seines Fahrrads bringt, dass er genäht werden muss, trübt vorübergehend die entspannte Atmosphäre.

Doch über ein Ende des Nationalsozialismus nachzudenken und konkrete Pläne für ein «Danach» zu entwickeln, gilt in jenen Jahren als Hochverrat. Moltke, Yorck und viele der Männer, die sich als «Kreisauer Kreis» zusammengefunden haben, werden dafür den höchsten Preis zahlen.

Niemals in ihrem Leben, das fast ein Jahrhundert umspannt, hat Freya von Moltke damit gehadert, niemals, nicht einmal in den langen Monaten der Haftzeit ihres Mannes, hat sie an der Richtigkeit ihres Tuns gezweifelt. Sie hätte diesen Mann nicht verlieren müssen: Als Hitler an die Macht kam, waren sie beide jung genug und hätten emigrieren können – aus Verantwortung für ihr Land haben sie anders entschieden. Die Gegnerschaft zum Nationalsozialismus war Moltkes Lebensaufgabe, und Freya wusste, dass man «niemandem eine Lebensaufgabe verwehren kann» – sie hat seine Arbeit gestützt und getragen, wohl wissend um das Risiko.

Als sie und ihre beiden Söhne Kreisau wenige Monate nach seiner Hinrichtung am 23. Januar 1945 verlassen müssen, hat sie nicht das Gefühl, alles verloren zu haben. Vielmehr nimmt sie, wie sie später sagt, einen Schatz mit sich, den ihr keiner mehr nehmen kann: die Erinnerung an ein «gutes Leben mit meinem Mann», an vier Monate innigen Abschieds und dazu über tausend Briefe, die Helmuth ihr seit dem Sommer 1929 bis zu seinem Tod geschrieben hat.

Lange hat es gedauert, bis man in Deutschland diesen Schatz zur Kenntnis nehmen wollte. Anders als so viele, die unmittelbar nach Nachkriegsende noch in ihren kleinsten Taten mutigsten Widerstand entdecken wollten, hat sich Freya von Moltke nie in den Vordergrund gedrängt. Die politischen Entwicklungen seit 1945 hat sie immer aufmerksam verfolgt. Aber sie hat ihre Erinnerungen, ihre Erfahrungen, die Briefe ihres Mannes, ein berührendes Zeugnis des Ringens um Menschlichkeit in einer unmenschlichen Zeit, niemandem angetragen oder gar aufgedrängt. Sie hat sie geduldig bewahrt, bis sie entdeckt wurden und bis ihr Mann «für die Zukunft genutzt» werden konnte.

Nie ging es ihr um eine Heiligsprechung des Heldentums vergangener Zeiten, sondern um die Lebendigkeit des Kreisauer Erbes: In diesem Freundeskreis war es gelungen, sich über alle politischen, sozialen und religiösen Unterschiede hinweg zu verständigen – und darauf, das hat Freya von Moltke immer wieder betont, komme es in der Demokratie doch an. Zudem hat dieser Kreis begonnen, in Dimensionen eines vereinten Europas zu denken, als ebendieses Europa von Nazideutschland an den Rand der völligen Zerstörung gebracht worden war. Noch im hohen Alter hat Freya von Moltke erlebt, dass ein vereintes

Europa auch für die Länder jenseits des Eisernen Vorhangs Wirklichkeit wurde und dass sie dabei helfen konnte, aus Kreisau eine von Polen ins Leben gerufene Stiftung Kreisau/Krzyżowa für Europäische Verständigung werden zu lassen.

Freya von Moltke hat keinen Staat geführt, kein wichtiges Amt bekleidet, sie war im üblichen Sinne keine Person des öffentlichen Lebens. «Miteinander leben zu lernen» – das sei die Aufgabe der kommenden Zeit, hat sie einmal gesagt. Es war ihr Ziel, daran in bescheidenem Maße mitzuarbeiten – denn «je bescheidener man etwas tut, desto wirkungsvoller ist es». Auch darin war sie ein Vorbild. Dieses Vorbild in seiner ganzen Kraft und Menschlichkeit aufleuchten zu lassen, dazu möchte dieses Buch beitragen.

# ERSTES KAPITEL

## «*Im Geiste sah ich die Erntewagen in den Hof fahren*»: Der 20. Juli

Man kann sich den 20. Juli 1944 auf Gut Kreisau der Jahreszeit gemäß geschäftig und den Umständen entsprechend friedlich vorstellen. Gerste und Roggen stehen in der Ernte, Heu muss geschnitten, Himbeeren müssen gepflückt und schnell zu Marmelade verkocht werden. Durch die Furchen der Rübenäcker arbeiten sich ganze Hackkolonnen, auf den Getreidefeldern staken Helfer das Stroh zu Garben, am späten Nachmittag ziehen die Melker mit ihren Schemeln und Blecheimern auf die Weiden. 242 Hektar, so listet es eine Bestandsaufnahme polnischer Behörden aus dem Jahr 1946 auf, umfasst der Betrieb südwestlich von Breslau, der nicht einmal zu den größeren Liegenschaften östlich der Elbe zählt. Knapp 168 Hektar sind Ackerland, vier Hektar Wiesen, 41 Hektar Weiden und 23 Hektar Wald. Wie es für die Mischbetriebe in der Gegend typisch ist, gehört zur Acker- auch die Milchwirtschaft. Zu Kriegsbeginn werden zusätzlich Schafe angeschafft und, weil der Honig knapp wird, auch mehrere Bienenstöcke.

Tag für Tag ist Freya von Moltke mit ihrem Verwalter Adolf Zeumer auf der «Spinne», dem zweirädrigen Einspänner, über Wege, Wiesen und Felder unterwegs. Nichts Gräfliches ist an ihr. Auf Fotos jener Zeit ist die damals Dreiunddreißigjährige fast ausschließlich mit schwerem Schuhwerk an den Füßen und einem bäuerlichen Tuch über dem kinnlangen Bubikopf zu sehen, den sie seit den zwanziger Jahren trägt. Sie erledigt, was ein guter Landwirt zu tun hat: sieht nach dem Rechten und packt mit an, wo noch ein paar kräftige Hände gebraucht werden. Zusammen mit Zeumer sorgt sie dafür, dass die Ernte sicher in die Scheunen kommt, die Arbeiter gut versorgt werden und vor allem, dass Ruhe und Frieden herrschen zwischen all den Menschen auf dem Hof. Neben dem Schloss aus dem 18. Jahrhundert umfasst das Anwesen, das der große Feldmarschall Helmuth von Moltke 1866 mit Hilfe einer Dotation des für seinen Sieg bei Königgrätz dankbaren Preußenkönigs erworben hat, noch weitere fünf Hektar mit Bauten, Scheunen, Waschhäusern und dem großen Kuhstall mit dem Tonnengewölbe aus geweißeltem Backstein, in dem im Winter die Kühe genügsam zwischen Säulen ihr Futter wiederkäuen. Daneben Schweine- und Pferdestall, Silos, Treibhaus, Schuppen, das Gärtnerhaus gleich östlich des Schlosses, Verwalter-, Arbeiter- und Wohnhäuser, zusammen mit dem Schloss und seinen viel zu vielen 31 Zimmern sind es insgesamt 116 Räume und 51 Küchen. Seit ein paar Jahren wird mittags im Hof auch ein großer Kessel Suppe für die französischen und russischen Kriegsgefangenen gekocht, die in Kreisau und der näheren Umgebung Zwangsarbeit leisten müssen.

Schon immer ging es auf dem Hof betriebsam zu, aber in diesen Monaten sind die Gemäuer bis in den letzten Winkel belegt mit Saisonarbeitern, Freunden und Verwandten, mit den ersten Flüchtlingen aus dem Osten und mit Ausgebombten. Manche sind nur mit dem «Luftschutzgepäck» angekommen, dem Notkoffer, der die wichtigsten Unterlagen enthält, und, sofern Platz übrig ist, ein paar Gegenständen von sentimentalem Wert. Tagsüber dröhnen die amerikanischen und nachts die britischen Bomber, heulen in den großen und mittlerweile auch schon in den kleineren Städten die Sirenen, heißt es schnell hinunter in die stickigen Keller, warten und beten, dass das Geschwader weiterfliegt, wenigstens nicht das eigene Haus getroffen wird, dass man durch Schutt und Geröll lebend wieder hinauf an die Luft steigen kann.

Im Dachgeschoss des Schlosses ist seit Oktober 1943 die Freundin Rosemarie «Romai» Reichwein mit ihren vier Kindern einquartiert. Nur einen Monat später, nach den bis dahin schwersten Bombardierungen, finden auch die kleinen Huelsen-Kinder mit ihrer Großmutter Leno auf dem Hof Zuflucht. Die Eltern Editha und Hans-Carl von Huelsen starben, als ein Flieger auf ihr Haus stürzte. Tagelang blieben sie verschüttet, während man die Kinder recht schnell und beinahe unverletzt aus den Trümmern bergen konnte. Selbst das Berghaus, nur ein paar Minuten Fußweg über das Flüsschen Peile hinweg auf einem etwas großspurig «Albrechtshöhe» genannten Hügelchen gelegen und seit 1928 schon Wohnsitz der Familie Moltke, ist voll belegt. In den kleinen Zimmern des ersten Stockwerks lebt nicht nur Freya mit ihren beiden «Söhnchen», dem siebenjährigen Caspar und dem dreijährigen Konrad, sondern auch ihre Schwägerin Asta, die aus Berlin wieder zurück nach Schlesien gezogen ist. Wo jeden Tag mehr in Schutt und Asche gelegt wird – was die Berliner mit der trockenen Bemerkung quittieren: «Wenn der Tommy so weitermacht, muss er sich bald seine eigenen Häuserzeilen mitbringen» –, ist für eine gelernte Tischlerin und Innenarchitektin kein Auskommen zu finden. Zu Besuch aus Köln ist auch Freyas Mutter Ada Deichmann.

Auf dem Land lässt es sich nicht nur in der Nacht ruhig durchschlafen, auch die Versorgung ist wesentlich besser als in der Stadt. Städter bekommen über Lebensmittelkarten ohnehin nur noch das Notwendigste, und selbst das nicht immer oder nur in kaum genießbarem Zustand. Längst schon beißt man im klitschigen Brot auf Kartoffelschalen, Sägemehl und Zeitungsschnipsel, die mit verbacken werden. Freya hält sich ebenfalls streng an die Vorschriften der Lebensmittelrationierung. Auf keinen Fall, dessen vergewissert sich auch ihr Mann Helmuth James immer wieder, darf die in der Gegend als nicht eben regimetreu bekannte Familie ins Visier der NS-Behörden geraten. Ein dickes Schwein wird wie vorgeschrieben nur einmal im Jahr geschlachtet und Fleisch, Wurst, Speck – das ist eine der von Freya weniger geliebten Aufgaben einer Landfrau – dann «kenntnisreich und weise» verteilt. Aber reichlich Kartoffeln und schönes Gemüse, woanders längst Mangelware, Obst, Eier, ja, sogar die sehnlich vermisste Butter und Milch für die Kinder gibt es auf dem Hof. Freya ist – und wird es bis ins hohe Alter bleiben – eine aufmerksame und großzügige Versorgerin. Sie sorgt dafür, dass so regelmäßig wie möglich auch ein Huhn oder sogar eine ihrer Gänse auf den Tisch kommen.

«Guck dich nicht um und tu deine Arbeit», hat Helmuth James ihr geraten. Und ganz gewiss braucht sie auch ein gewisses Kopf-in-den-Sand-Stecken, um sich nicht die ganze Zeit auszumalen, was vor sich geht. Ihr geschäftiger Hof ist der richtige Ort dazu. Im Süden säumt die sanft geschwungene Hügelkette des Eulengebirges den weiten niederschlesischen Horizont. Umgeben von kleineren Hügeln, Buschwald und Feldern, liegt Kreisau wie eingebettet in einer Mulde. Es ist noch immer eine Insel des Friedens. Von der Ostfront, von den quietschenden Ketten der Panzer und dem Dauerlärm der Geschütze merkt kaum jemand etwas – schon gar nicht jene getreuen Deutschen, die Joseph Goebbels' Propagandasender hören. Dort wird die Front selbstverständlich immer nur «planmäßig begradigt» oder vielleicht sogar «zurückgenommen», um zu einem späteren Zeitpunkt wieder zurückzuschlagen und den «Endsieg» zu erringen.

Sich auf die eigene Arbeit zu konzentrieren und Kraft zu

schöpfen für all die Menschen, die jetzt auf Freya angewiesen sind, heißt aber noch lange nicht, den Kopf in den Sand zu stecken. Oben im Berghaus will man sich nicht auf die Nachrichten der NS-Propaganda verlassen. Jeden Abend läuft Romai Reichwein vom Schloss am Gärtnerhaus vorbei, überquert die Peile an der flachen Kuhfurt und steigt nach links den Hügel hinauf zum Berghaus, um mit den anderen Frauen «Feindsender» zu hören. Dort oben, umgeben nur von ein paar Akazien, verhallt das sonst so verräterische «Ta-ta-ta-Tam» der Anfangstakte aus Beethovens Fünfter Symphonie, mit dem die BBC ihr deutsches Programm einleitet.

Freya und ihre Schwägerin Asta, Mutter Deichmann und Romai Reichwein wissen genau, dass den Westalliierten Anfang Juni die Invasion in der Normandie gelungen ist, dass sie gleichzeitig von Süden her, über Italien, vorrücken – und dass es, zumal im Osten, keine «planmäßigen Begradigungen» gibt. Sondern gnadenlose Schlachten und verbrannte Erde, wo immer sich Wehrmacht und SS zurückziehen. Die «Heeresgruppe Mitte» ist in großen Teilen aufgerieben, Zehntausende sind gefallen, Hunderttausende in russische Gefangenschaft gelangt. Anfang Juli ist die Rote Armee bis vor das etwa 350 Kilometer nordwestlich gelegene Warschau vorgedrungen, wo sie monatelang verharren und dem verzweifelten Kampf der aufständischen polnischen Heimatarmee gegen die deutschen Besatzer tatenlos zusehen wird, bis die Stadt gänzlich in Ruinen liegt. Weiter südlich steht sie an der Weichsel und hat damit die spätere Ostgrenze Polens schon erreicht. In ganz Deutschland, natürlich auch auf Kreisau, sind nur noch die Frauen und Kinder sowie die Alten und Gebrechlichen zu Hause – und auch die wird man bald einziehen zu einem letzten, gnadenlosen Aufgebot von minderjährigen Flakhelfern und Barrikadenkämpfern im Rentenalter.

Von wenigen Ausnahmen abgesehen haben die meisten Männer schon lange als Teil der großen Kriegsmaschinerie zu dienen. Helmuth James von Moltke ist gleich nach Beginn des Polenfeldzugs 1939 – die genaue Bezeichnung weiß Freya noch Jahrzehnte später wiederzugeben – als «Kriegsverwaltungsrat in das Oberkommando der Wehrmacht, (Spionage-)Abwehr, Abteilung Ausland, als Sachverständiger für Kriegsrecht und Internationales Recht» unter Admiral Wilhelm Canaris kriegsverpflichtet worden. Der Jurist findet sich nicht damit ab, dass für Hitler Kriegsrecht ausschließlich das Recht des Stärkeren ist und dass Leute wie der Generalfeldmarschall Wilhelm Keitel ihrem «Führer» darin auch noch willig folgen. Moltke schreibt Gutachten, versucht Oberkommandierende zu überzeugen, doch wenigstens die Grundzüge des Kriegsrechts einzuhalten, kann sie zuweilen erfolgreich davon abhalten, Geiseln zu erschießen.

Am 19. Januar 1944 ist es damit vorbei. Die Gestapo verhaftet Helmuth James von Moltke. Sein Vergehen? Nichts weiter als eine Warnung. Auf Umwegen hatte er erfahren, dass die Telefone eines nicht eben vorsichtig agierenden oppositionellen Gesprächskreises um die Diplomatengattin Hanna Solf, dem mit Otto Carl Kiep auch ein Kollege im Oberkommando der Wehrmacht (OKW) angehört, von der Gestapo angezapft werden sollen. Der Warner wird bald gefunden.

Dass er seit vier Jahren zusammen mit seinem Freund Peter Yorck von Wartenburg einen oppositionellen Freundeskreis angeworben hat, dem weit über die landadelige Herkunft Moltkes und Yorcks hinaus katholische und protestantische Geistliche, Sozialdemokraten und Gewerkschafter – unter ihnen auch Romais Mann Adolf Reichwein – angehören, dass dieser Freundeskreis Entwürfe für eine demokratische Nachkriegsordnung, eine

europäische Vereinigung ohne deutsche Hegemonie, eine Neuordnung des Verhältnisses von Staat und Kirche und sogar eine
Bestrafung der Rechtsschänder ausarbeitet – davon ahnt die Gestapo nichts. Noch nicht.

## In der Haft

Mit dem Häftling Helmuth James von Moltke hat man sich einen
verzwickten Fall eingehandelt. Staatsfeinde zu warnen ist ein
Vergehen, das als Hochverrat gelten kann. Zudem arbeitet der
Mann unter Admiral Wilhelm Canaris, den die NS-Größen –
völlig zu Recht – schon länger in Verdacht haben, zahlreiche Regimegegner unter seine Fittiche genommen zu haben und unter
dem Deckmantel militärischer Aufklärung eher gegen als für
das Regime zu arbeiten; die Verhaftung Moltkes ist als Warnung
des Reichssicherheitshauptamtes unter Ernst Kaltenbrunner für
den schillernden, schwer zu durchschauenden Canaris gemeint.
Und einen treuen Nazi hat man mit diesem niederschlesischen
Landadeligen wahrlich nicht festgesetzt. Den «deutschen Gruß»
vermeidet er genau wie seine Ehefrau; selbst im Dienst – immerhin gehört er dem Oberkommando der Wehrmacht an – trägt er
nie eine der ihm verhassten NS-Uniformen, sondern zieht Zivilkleidung vor. Parteigenosse ist er auch nicht geworden, zudem
mag aufgefallen sein, dass Moltke es durchaus an Enthusiasmus
fehlen ließ, als die Militärspitze des Dritten Reiches im April
1941 nicht nur eine pompöse Feier anlässlich des 50. Todestages
Helmuth von Moltkes, des Siegers von Königgrätz und Sedan,

abzuhalten wünschte. Auch die Bitte, die bescheidene Kapelle des von Hitler und seinen Nazigrößen verehrten Feldmarschalls (eine Verehrerschaft, die dieser hochgebildete und feinsinnige Stratege wahrlich nicht verdient hat) durch ein protziges Monument zu ersetzen, lehnt dessen Urgroßneffe Helmuth James von Moltke höflich, aber bestimmt ab – es entspreche nicht dem Willen und dem Stil des zu Ehrenden, lässt er die Nazi-Größen wissen. Und da diese Gedenkfeier schon nicht gänzlich zu vermeiden war, sorgt er wenigstens dafür, dass nur eine Minimalbesetzung der Familie teilnimmt, Kreisau nicht unter Hakenkreuzfahnen verschwindet und der für die Nazis so typische schwülstige Kitsch bei den Feiern möglichst ausbleibt.

Dumm ist nur: Das Regime hat sich von jeher größte Mühe gegeben, sich als Erbe und Vollstrecker der deutschen Geschichte zu präsentieren und den Säulenheiligen der Konservativen – Moltke, Bismarck, Hindenburg – die rechte Ehre zu erweisen, um sie ganz und gar für ihre Sache zu gewinnen. Und nun sitzt ausgerechnet der Rechtsnachfolger des großen Feldmarschalls, der Erbe und Herr Kreisaus, als politischer Häftling in einem Gestapo-Gefängnis. Was tun mit dem Mann?

Das wissen die zuständigen Behörden offensichtlich anfangs selbst nicht so genau. Zunächst steckt man ihn in eine Kellerzelle des berüchtigten Gestapo-Gefängnisses in der Berliner Prinz-Albrecht-Straße, lässt nachts das Licht brennen wie bei einem durchgängig zu überwachenden Schwerverbrecher – aber warum er «hier merkwürdigerweise als interessant» gilt, notiert Moltke am dritten Tag seiner Haft in sein Tagebuch, und «was man sich von mir verspricht, das weiß der liebe Himmel». Man lässt ihn, wie andere Gefangene, bei Bombenangriffen einfach in der Zelle zurück, während das Wachpersonal in die Schutzkeller verschwindet und die Gefangenen panisch fürchten, «vergessen und verschüttet zu werden». Ein Blindgänger, der während einer seiner ersten Nächte im Gestapo-Gefängnis fast unmittelbar vor seinem Zellenfenster liegen bleibt, stellt sich zwei Tage später als zwei Meter lange und im Durchmesser einen halben Meter dicke Sprengbombe heraus, deren Zünder vermutlich von einem Flakgeschoss losgerissen worden war. «Wäre das Ding krepiert, so existierte ich wohl sicher nicht mehr. Das ist wahrhaftig eine Fügung», stellt er ebenso erleichtert wie lapidar fest.

Er wird zu Verhören geführt, deren Sinn sich ihm partout nicht erschließen will. Und er stellt fest, dass er ein besonderes Privileg genießt, das keinem anderen Gefangenen zuteilwird. Vor seiner Zellentür wird ein besonderer, in Zivil gekleideter Aufseher postiert, der sich alle halbe Stunde heranschleicht, um durch das Guckloch zu spähen: «Er kommt, wenn ich klingele, und er kommt auch manchmal zu fragen, ob ich nicht etwas haben wollte. Ich habe also sozusagen einen Kammerdiener. Warum das alles?», fragt sich Helmuth James. «Ich kann mir nicht vorstellen, dass all diese Rücksichtnahme dem Grafen gilt. Also muss man sich doch etwas Besonderes von mir versprechen. Ich kann mir nicht vorstellen, wie man dabei auf seine Kosten kommen will.» Der Gefangene wird, notiert er am 27. Januar, eine Woche nach seiner Verhaftung, immer noch verwundert in sein Tagebuch, als «kriminalistische Kostbarkeit betrachtet». Alle sind «sehr freundlich mit mir. (...) Alles, was ich erbitte, wird mir, wenn irgend möglich, gewährt. Ich erbitte allerdings auch nur möglichst wenig. Ob das der ‹Graf› macht oder das OKW-Mitglied, weiß der liebe Himmel.»

Es sei doch eine große Hilfe, bemerkte Helmuth James' Mutter Dorothy einmal in einem Brief an ihre Eltern in Südafrika, «dass die Moltkes, einschließlich meiner Kinder, alle die Fähigkeit haben, in den haarsträubendsten Situationen ganz ruhig und sogar fröhlich zu bleiben». Tatsächlich findet sich Moltke in seiner neuen Situation erstaunlich schnell zurecht. «Die Tage verbringe ich mit Lesen und Nachdenken», schreibt er, «ich poliere eifrig an meinem inneren Menschen herum und bin gespannt, ob das Erfolg haben wird. Die Voraussetzungen dafür sind natürlich glänzend, denn hier gilt nur, was man in sich hat oder finden kann.» Als Schutzhäftling der Gestapo ist es ihm erlaubt, anstelle der Häftlingskluft weiterhin Zivilkleidung zu tragen, selbst als man ihn Anfang Februar von der Prinz-Albrecht-Straße in das Frauenkonzentrationslager Ravensbrück überstellt. Dort hat die Gestapo eigens einen Trakt für politische Gefangene eingerichtet, in dem aber auch NS-Personal – vom SS-Mann bis zur KZ-Wächterin – einsitzt, das sich diverser Vergehen schuldig gemacht hat.

Er überlegt, was er nun mit der «kostbaren Zeit» anfangen soll, falls er lange bleiben muss, und schwankt zwischen drei Möglichkeiten: Griechisch lernen, sich der Theologie oder Agrarwissenschaft widmen, wobei er den beiden letzteren Beschäftigungen den Vorzug gibt. Er wienert seine Zelle blank und legt sich ein diszipliniertes Sportprogramm zurecht: Im Souterrain der Prinz-Albrecht-Straße war er jeden Tag sieben Schritte quer durch die Zelle vom Fenster bis zur Tür und wieder zurück gegangen, so lange, bis ein paar Kilometer zusammenkamen; in der Ravensbrücker Zelle sind es für den mehr als zwei Meter großen Moltke nur dreieinhalb Schritte, das lohnt die Wanderungen nicht. Er muss sich auf Kniebeugen beschränken, mindestens zweihundert täglich, eingeteilt in mehrere Trainingseinheiten, und darauf warten, zum Hofgang abgeholt zu werden. Den absolviert er bei schlechtem Wetter zum Amüsement der anderen Gefangenen – was nun wiederum ihn verwundert und erheitert – mit Regenschirm, als wäre er ein britischer Gentleman, unterwegs in der Londoner City. Er darf, das mag ebenfalls nicht nur seinem Status als Schutzhäftling, sondern auch «dem Grafen» und dem OKW-Mitglied geschuldet sein, weiter in seinem Amt arbeiten und – dies ist an Absurdität nicht zu überbieten – in einem NS-Konzentrationslager nach wie vor völkerrechtliche Schriftsätze verfassen, die es seinen Mitarbeitern ermöglichen sollen, seine ameisenhaft fleißige Rettungsarbeit fortzuführen. Fast uneingeschränkt werden ihm Bücher seiner Wahl geliefert; in den nächsten Wochen wird er ein enormes Lesepensum bewältigen, zu dem neben der Bibel und Luthers Schriften auch Kants «Kritik der reinen Vernunft» und sogar der unter den Nazis geächtete Baruch Spinoza gehören, den er sich von einer befreundeten Buchhändlerin über Umwege besorgen lässt.

Was im Krieg vor sich geht, darüber dürfte er besser informiert sein als mancher Deutsche, dem (offiziell und gefahrlos jedenfalls) nur die Lügenpropaganda aus dem Volksempfänger und dem «Völkischen Beobachter» zur Verfügung steht. Als Mitarbeiter der Spionageabwehr hat er Anspruch auf ausländische Zeitungen, und so werden dem anglophilen Moltke fast täglich die Londoner «Times» und die Protokolle britischer Parlamentsdebatten in die Zelle gebracht. Am wichtigsten aber ist: Er muss den geistigen Austausch nicht allein mit seinen Büchern, den Vernehmungsbeamten oder sich selbst führen. «Der gestrige Tag», notiert er am 31. Januar in sein Tagebuch, «war insofern ein Freudentag, als ich an Freya geschrieben habe. Gott, welch eine Wohltat war das. Ich habe gar nicht so viel geschrieben, aber ganz langsam und gemächlich, so als wartete ich immer Antwort und Zwischenbemerkungen ab.» Am Tag darauf darf sie ihn zum ersten Mal besuchen.

Wurde Freya überrascht von der Verhaftung, hat sie womöglich gleich befürchtet, dass die Sache nicht gut ausgehen konnte? Als Peter Yorck sie an jenem Abend des 19. Januar anruft, kann er natürlich nicht offen reden. «Helmuth ist verreist», sagt er. Und sie? Steht zunächst auf einer «ganz langen Leitung. Verreist?, habe ich ihn gefragt, er hatte doch vor, nach Kreisau zu kommen, er wollte doch gar nicht wegfahren.» Dass die Gestapo den widerständigen Tätigkeiten ihres Mannes und seiner Freunde auf die Schliche kommen könnte, das verdrängt man lieber. «Unsere Lage war die Gegnerschaft, der Widerstand Alltag, da dachte man nicht mehr darüber nach», betonte sie auch später. Angst? Nein, das sei nicht das richtige Wort. Sie habe ja, sinniert Freya, als sie schon jenseits der achtzig ist, «die merkwürdige Eigenschaft, die mir schon viel im Leben geholfen hat, dass ich im Grunde immer vertrauensvoll auf die Menschen zugegangen bin. Das hat zur Folge, dass das Gute, das in einem Menschen steckt, und sei es noch so wenig, sofort herauskommt. (…) Sogar den Nazis bin ich vertrauensvoll begegnet, indem ich mir sagte, sie werden am Ende wohl doch ein Einsehen haben. Mit diesem Optimismus habe ich versucht, durchs Leben zu kommen.» Selbstverständlich sei sie «zutiefst erschrocken», als der Groschen erst einmal fällt, aber ganz schnell meldet sich, wie immer bei ihr, wieder der Sinn für das Praktische. Sofort habe «der Wunsch überwogen, etwas zu machen, es konnte ja noch gut gehen, es war ja eigentlich harmlos». Etwas machen – das bedeutet zunächst, sich eine Sprecherlaubnis vom Sicherheitsdienst einzuholen, um ihren Mann besuchen zu können.

Jetzt begegnet sie zum ersten Mal «den Nazis». Nicht dem

durchschnittlichen oder sogar harmlosen Parteimitglied wie einem Gutsverwalter Zeumer, NSDAP-Genosse seit 1933, der aber nie einen Zweifel daran aufkommen lässt, dass er treu zur offensichtlich andersdenkenden Familie Moltke steht. Nicht den Verblendeten oder den, wie sie findet, «recht eigentlich Dummen und Verführten» wie einer angeheirateten Tante, die auf ein freundliches «Guten Morgen» mit einem zackigen «Heil Hitler» antwortet. Die Stützen des verachteten Regimes sind es, denen sie gegenübertreten muss: SS-Leuten und Gestapo-Bütteln, die es vollkommen richtig finden, Menschen allein wegen ihrer Ansichten zu foltern, wegzusperren oder zu ermorden.

Ganz offensichtlich gelingt es ihr, das bisschen Gute, das vielleicht auch in diesen Menschen stecken mag, herauszuholen. Die Gestapo-Leute begegnen ihr durchweg korrekt und höflich. Hilfreich ist zunächst auch, dass der Moltke'sche Betrieb als kriegswichtig gilt. Unter dem nicht ganz hergeholten Vorwand, dass Geschäftliches zu besprechen sei, erhält sie wenigstens einmal im Monat die Bewilligung, ihren Mann besuchen zu dürfen.

Zwei Tage dauert die Fahrt von Kreisau nach Ravensbrück. Mit dem Schnellzug aus der nahegelegenen Kreisstadt Schweidnitz ist die Strecke nach Berlin längst schon nicht mehr in den üblichen vier bis fünf Stunden zu schaffen. Die Abteile sind überfüllt, Soldaten, Flüchtlinge, Städter auf Lebensmitteltour, das ganze Reich scheint in diesem letzten Kriegsjahr ruhelos unterwegs zu sein. Zuweilen hält der Zug auf halber Strecke; wann er sein Ziel endlich erreicht, ist nicht sicher. Immer schwer bepackt mit den Wirtschaftsbüchern des Betriebs und dem Allernotwendigsten für ihren Mann – frische Wäsche, Bettzeug, Seife, Handtücher und vor allem Lebensmittel, die ihm «ein Gefühl von Kreisau» schenken, aber auch großzügig mit anderen Häftlingen und Wärtern geteilt werden –, reist Freya zunächst bis Berlin; die Trambahnen fahren häufig nicht, weil nach jedem Angriff Granatlöcher gefüllt und Schienen geflickt werden müssen. Oft geht es zu Fuß durch Trümmer und Schutt vom Anhalter Bahnhof bis nach Lichterfelde zu den Freunden Peter und Marion Yorck und am nächsten Morgen wieder zurück zum Bahnhof und weiter ins brandenburgische Fürstenberg.

Wie schon in der Gestapo-Zentrale begegnet man ihr auch in Ravensbrück durchaus zuvorkommend. Die Gespräche mit ihrem Mann finden in der südlich des Lagers gelegenen Polizeischule in Drögen statt, wohin man ihn fährt. Ein Wachmann ist so aufmerksam, ihr den Fußmarsch nach Drögen zu ersparen, und nimmt sie im Wagen von der Bahnstation Fürstenberg mit, da man ja ihren Mann ebenfalls abholen müsse – so können sie, nah aneinander in den Fond des Wagens gedrängt, wenigstens ein paar Minuten inniger Nähe spüren. Auch werden sie während ihrer Gespräche nicht abgehört. Sie sitzen, die dicken Wirtschaftsbücher des Betriebs zwischen sich, an einem Ecktisch in einer Baracke im selben Raum mit einem Gestapo-Beamten. Während der etwa zwei Stunden, die man dem Ehepaar gönnt, hält dieser sich diskret im Hintergrund. Freya hat ihrem Mann den Teetopf aus dem Berghaus geschickt («Ich war darüber gerührt und entzückt, aber woraus trinken die in Kreisau denn jetzt Tee?», notiert er nach Empfang des Geschenks in sein Tagebuch); und er darf mit Hilfe dieser kleinen Annehmlichkeit fast so etwas wie den galanten Gastgeber seiner Frau spielen.

Tatsächlich erfordert ein Gut wie Kreisau dringende Entscheidungen des Besitzers, und so besprechen sie in dieser kostbaren gemeinsamen Zeit auch Bestellungspläne für das nächste Jahr oder die Frage, wie der Kauf von Düngemittel noch zu finanzieren wäre. Aber sie können auch «offen reden», wie es weitergehen und an welche Stellen sich Freya wenden soll, um eine

Entlassung ihres Mannes zu erwirken. Ob es gelingt, ob er tatsächlich, wie er einmal sagt, «aus dem Rachen des Löwen je wieder herauskommt», dessen ist sich Helmuth James keineswegs sicher. Wann immer Freya nach Drögen kommen kann, beginnt ihr Mann seinen morgendlichen Tagebucheintrag mit den Worten: «Gestern war wieder ein Freudentag erster Güte.» Zweimal nimmt ihn die Begegnung so mit, dass er noch am Abend nach dem Besuch in der Zelle in Ohnmacht fällt.

Sie werden sich nicht in einen falschen Optimismus hineintäuschen, aber gewiss auch nicht in gelähmter Angst oder Trauer versinken, das ist klar zwischen ihnen. Beide wissen, dass es um Leben und Tod gehen kann. Sie gesteht ihm, wenn die zahlreichen Aufgaben übermächtig zu werden drohen, die sie in Kreisau zu bewältigen hat, nur um schon am nächsten Tag zu versichern, dass sie «wohl» und ganz bei ihm ist. «Wer weiß, was uns beiden das vor uns liegende Jahr noch bringen wird, aber es bringt es uns beiden, und deshalb fühle ich mich stark und ruhig. Alles was kommt, gehört uns auch, ist Teil unseres Lebens. (...) Ich fürchte zwar die Mühen für Dich und zittere, wenn ich sie mir vorstelle, aber ich weiß, dass Du alles in Dir gefunden hast, was man zu ihrer Überwindung braucht, fühle mich auch darin ganz mit Dir verbunden, wenn ich auch erst am Anfang stehe und Du viel weiter bist. Ich bin weit entfernt von allem einfachen Optimismus, zu dem ich ja fraglos neige, ich bin aber voller Hoffnung, dass wir gemeinsam das uns Auferlegte tragen können und müssen und dass diese Gemeinsamkeit immer, immer bleiben wird», schreibt sie ihm zu seinem Geburtstag am 11. März.

Er gesteht ihr aufrichtig die Augenblicke, in denen er die Moltke'sche Fähigkeit zu verlieren droht, selbst unter haarsträubendsten Bedingungen nicht die Contenance zu verlieren – und beruhigt sie oft noch im selben Brief: «Mein Lieber, da ich

Dir versprochen habe, Dir zu schreiben, wenn es mir nicht gut gegangen ist, so will ich das gleich erledigen. Kurz nach dem Abgang meines letzten Briefes erlag ich einer grässlichen Anfechtung, der schlimmsten, die ich bisher erlebt habe», berichtet er Freya am 24. März, fünf Tage vor deren dreiunddreißigstem Geburtstag.

Am Vortag – und einen Monat nachdem er für Verhöre eigens nach Berlin verbracht worden war – haben ihn SS-Mann Walter Huppenkothen und Kriminalrat Leo Lange in seiner Zelle aufgesucht, um ihm mitzuteilen, dass er auf eine Haftentlassung nicht hoffen kann. Man betrachtet seinen Fall viel ernster als bisher und wird Anklage wegen Begünstigung oder Teilnahme am Hoch- und Landesverrat erheben. Darauf steht die Todesstrafe. Nur wenige Absätze weiter in seinem Brief beschäftigt er sich schon mit Kreisauer Angelegenheiten und entschuldigt sich für seine «kleine Schwäche»: «Dies ist auch Dein Geburtstagsbrief, und es tut mir leid, dass ich ihn damit eröffnet habe, dass es mir nicht gut gegangen ist. Das ist nämlich ein Zeichen großer Undankbarkeit Dir gegenüber und für Dich. Aber ich dachte, es ist besser, das gleich vorweg zu erledigen, als einige kryptische Anmerkungen zu machen. Ich komme jetzt zu dem besseren Teil. Mein liebes Herz, meinen Hauptgeburtstagsbrief hast Du ja schon erhalten. [Er hatte ihr in tagelanger Arbeit den Großen Katechismus gezeichnet, Anm. S. T.] Du wirst Dir aber gewiss noch einmal anhören, dass ich in dem Reichtum, den Du mir geschenkt hast, nie arm, nie verzagt, nie verlassen, nie ungewärmt sein kann. Solche Anfälle wie der vom Donnerstag beschämen mich nachher, aber sie gehen vorüber und werden vergessen.»

## In Gedanken in Kreisau

Es gelingt ihm wohl, solche «Anfälle» zu vergessen, weil der innere Mensch, den Helmuth James Graf von Moltke in seiner Ravensbrücker Gefängniszelle poliert, von einer ungeheuren Willenskraft und einer beneidenswerten In-sich-Aufgehobenheit ist. Seine Disziplin hilft ihm, eine äußere Würde zu bewahren, die seine innere Würde stärkt. Er verfügt über einen Beobachtungswillen, eine unstillbare Neugierde für andere Menschen, selbst für Wesen, die ihm so fremd erscheinen, als entstammten sie einem anderen Universum.

Die Unterhaltungen seiner Nachbarinnen, die er durch die dünnen Zellenwände hören kann, seien «schrecklich deprimierend», schreibt er in sein Tagebuch. In seiner unmittelbaren Nähe sitzen zwei ganz junge Mädchen ein, «um die 21 und 22 Jahre, die hier Aufseherinnen im KZ waren. Die eine sitzt, weil sie eine Frau, die sie zu bewachen hatte, ins Wasser gestoßen hat, worin diese ertrunken ist, eineinhalb Jahre wegen Totschlag, die andere rühmt sich, dass sie mehrfach weibliche Gefangene hat so verhauen lassen, dass sie mit der Tragbahre hätten weggebracht werden müssen. Die Mädel scheinen sich gar nicht darüber klar zu sein, was das bedeutet. Daneben gibt es nur Geschichten von Männern, aber welche.»

Mit einer Wärterin jedoch, die er liebevoll «August» nennt, «hat er sich sofort attachiert», wobei das «Attachement» der beiden mit Kreisauer Lebensmitteln untermauert wird; als Seniorin unter den Wächterinnen sorgt sie zuverlässig dafür, dass, «wenn wir etwas haben wollten, wir es auch 24 Stunden später hatten. Mit ‹August› war ich ganz zart», schreibt er. Und sie verblüfft ihn: In einem Gespräch über Kindererziehung sagt sie, dass es diese «ohne christliche Religion nicht gäbe, und dass sie deshalb ihre Mutter bei sich wohnen hätte, damit sie die Kinder nicht in den SS-Kindergarten geben müsse».

Moltke vermag die hellen Momente seines Gefängnislebens zu pflegen, zu schätzen und darin auch die komischen Momente zu entdecken. Er freut sich an einer Meise, die er mit Brotkrümeln füttert und die zutraulich fast allabendlich an sein Fenster kommt. Mitte Juni wird Isa Vermehren in seinen Trakt verlegt, die in Sippenhaft genommen worden ist, nachdem sich ihr Bruder Erich, ein Agent der Abwehr unter Canaris, in der neutralen Türkei zu den Alliierten abgesetzt hat. Isa ist nicht nur eine Freundin von Helmuths jüngerem Bruder Wilhelm, genannt Willo, und damit eine Vertraute; sie besitzt auch eine wunderbare Stimme und ist eine tief religiöse Katholikin. Bald wird es zu einer «stehenden Gewohnheit, dass sie abends nach Schluss [d. h. nach dem Löschen des Zellenlichts, Anm. S. T.], also nach 10 Uhr sang: erst italienische Volkslieder oder etwas Lustiges und zum Schluss geistliche Lieder: evangelische Kirchenlieder, ‹Der Mond ist aufgegangen›, und katholische Kirchenmusik wie vor allem den gregorianischen Lobgesang».

Moltke ist religiös, aber die doch eher hilflosen Missionierungsversuche seiner Zellennachbarin amüsieren ihn. Als ein neuer Häftling in die Zelle neben Vermehren verlegt wird, «hatte sie gleich damit angefangen, ihn anzumorsen. ‹Glauben Sie an Gott?›, worauf er prompt ‹Nein› erwidert hatte. Das war rasend komisch. Denn Isa versuchte nun, ihn auf dem Morseweg zu bekehren, und musste bald das Rennen aufgeben.» Keinen Moment aber vergisst er, dass das Konzentrationslager Ravensbrück der unverhohlenste Ausdruck des Nationalsozialismus ist, den Moltke als einer der wenigen Deutschen von Beginn an als etwas radikal Neues und durch und durch Katastrophales begriffen hat. «Die Sonntagsgeräusche», notiert er bereits Ende Februar in sein Tagebuch, «unterscheiden sich von den Alltagsgeräuschen dadurch, dass das Hundegebell noch anhaltender ist und die Marschlieder den ganzen Vormittag füllen; anscheinend hört man auch die HJ. Man fühlt sich so durchaus im Land der Gottlosen. Ich habe nie gedacht, dass das so spürbar wäre.»

Fast täglich, auch diese Informationen enthält er seiner Frau nicht vor, «bekam irgendeine Frau aus dem Lager 25 Schläge mit der Nagaika [einer Kosakenpeitsche aus Lederriemen, Anm. S. T.], für die prügelnden Häftlinge gibt es am Tag vorher Fleischzulage. Dann gab es Männer, die wurden plötzlich morgens aufgefordert, mal ‹einen Spaziergang ums Lager zu machen›, d. h. erschossen zu werden.»

Ohne Zweifel verfügt Helmuth James von Moltke über eine beinahe unantastbare innere Freiheit. Je mehr aber sein Leben außerhalb einer Gefängniszelle zur verblassenden Erinnerung wird, desto mehr werden Freya, die «Söhnchen» und Kreisau zum Lichtpunkt. «Ihr seid mir in mancher Beziehung so innig nah, dass ich mich gar nicht so recht getrennt fühlen kann. Vor allem fühle ich mich durch Dich, mein Herz, so reich, dass ich mir vorkomme wie einer, der in einer Schatzkammer gelebt hat, aber vergaß, das Licht anzumachen. Und nun ist es plötzlich angemacht.» Sie bringt ihm Bilder der Söhne und Kreisaus, die er an eine Zellenwand heftet, woraufhin er ihr schreibt: «Morgens und abends sehe ich mir immer Deine Bildchen an, und wenn ich das Berghaus sehe, dann denke ich mir immer: ‹In welchem Zimmer mag sie jetzt wohl sein?› Heute habe ich sie um 1/2 neun betrachtet und Dich durchs Esszimmerfenster gesucht.»

Sie berichtet ihm in allen Einzelheiten vom Betrieb, doch er will noch mehr wissen: «Wie mag es Deinem Garten gehen? Du hast nie etwas über die Frühbeete geschrieben. Ist an denen noch nichts gemacht? Es lag wohl zu viel Schnee.» Und wieder: «Meine Gedanken sind ganz in Kreisau. Sie wandern über all die vertrauten Wege, aber meist sind sie bei Dir und den Söhnchen. Sie sind voller Dankbarkeit für so viel Reichtum, der aufgestapelt ist und der immer mehr zu werden scheint, je mehr man davon zehrt.»

Je länger die Haft dauert, desto häufiger beginnen seine Tagebucheinträge mit der bangen Feststellung: «Noch nichts von Freya gehört.» Hält die Zensur in Drögen ihre Briefe zu lange auf, liest er ihre alten Briefe von neuem. Er wartet sehnsüchtig auf ihre Besuche und denkt sich hinaus aus seiner Zelle. Wäre ihm die Zeit vergönnt, sinniert er – und dessen ist er sich keineswegs sicher –, so würde er sich am liebsten ganz auf ein Leben als Landwirt beschränken. Der letzte Satz seines Tagebuchs in Ravensbrück lautet: «Es war ein schöner warmer Sommertag mit mittlerer Wolkenbildung, und ich sah im Geiste die Erntewagen bei uns in den Hof fahren.»

## Staatsstreich

Wie jeden Abend setzt sich Freya auch am 20. Juli des Jahres 1944 an den Schreibtisch «Mummy Moltkes», ihrer 1935 verstorbenen Schwiegermutter Dorothy, im oberen Stockwerk des Berghauses. Von dort fällt der Blick hinüber ins Eulengebirge; beugt man sich ein wenig vor, ist hinter den Kronen der Eichenallee das rote Ziegeldach des Schlosses zu erkennen. Wie jeden Abend berichtet sie ihrem Mann genauestens von allen Vorgängen auf Kreisau, von den Söhnchen, den Bienenstöcken, die ihn brennend interessieren, dem Stand der Ernte. Und wie jeden Abend läuft sie vom Berghaus am Ackersaum hinunter, überquert die Peile und steigt wenige hundert Meter weiter den bewaldeten Hügel zum kleinen Ziegelgebäude der Bahnstation hinauf, um ihren Brief direkt in den Schlitz des Postwagens zu stecken. Heute ist noch ein zweiter an den Rechtsanwalt und ehemaligen Kollegen ihres Mannes Hans-W. Pape dabei, der sich mit einer Bitte an ihren Mann gewandt hatte und nun über dessen Verhaftung informiert werden muss. «Es ist eine ganz dumme Sache», schreibt sie. «Er hat einen anderen Offizier beim OKW gewarnt, er sei von der Stapo überwacht, das ist herausgekommen, und dafür sitzt er nun schon sechs Monate. Der Prozess über den Offizier hat schon stattgefunden» – Otto Kiep ist am 1. Juli 1944 in einem Prozess vor dem «Volksgerichtshof» von Roland Freisler zum Tod verurteilt worden. «Da ist er nicht einmal mitangeklagt worden, aber man gibt ihn doch nicht frei. (…) Was nun weiter werden wird, steht noch nicht fest, muss sich aber wohl in nächster Zeit entscheiden.»

Tatsächlich war im Juni Bewegung in Moltkes Angelegenheit gekommen. Ganz Anwalt, hatte Helmuth James nach der Ankündigung einer Anklage wegen Hochverrat eine Eingabe an den zuständigen Gestapo-Mann Huppenkothen gerichtet. Aus einer komplizierten, aber nicht völlig unwahrscheinlichen Überlegung heraus schreibt er sogar «freche Briefe» an Heinrich Himmler höchstpersönlich. Himmler hat die Westalliierten tatsächlich schon Ende 1943 über Mittelsmänner wissen lassen, dass er sich mit dem Gedanken trage, Hitler vor einer endgültigen Niederlage zu entmachten, um nach dem Abschluss eines Separatfriedens gemeinsam mit den USA und Großbritannien gegen den «wahren Feind», den Bolschewismus und die Sowjetunion, zu kämpfen. Moltke hat beste Beziehungen nach England, vielleicht, so hofft er, würde er noch gebraucht, und man lässt ihn wenigstens am Leben – bis der unvermeidliche Niedergang des Nationalsozialismus erfolgt ist. Denn der, davon ist er zutiefst überzeugt, ist militärisch unvermeidlich und politisch ersehnt. Nur ein völliger Bankrott dieses Systems würde eine Chance für einen echten, demokratischen Neuanfang eröffnen.

Mitte Juni sucht Gestapo-Chef Heinrich Müller, unterwegs zu einer Inspektionsrunde im Konzentrationslager Ravensbrück, den Häftling Moltke am frühen Morgen höchstpersönlich in dessen Zelle auf. Er sei zuversichtlich, teilt er ihm mit, dass der Reichsführer SS Heinrich Himmler seiner Entlassung zustimmen wird. Freya versucht indes, die Angelegenheit zu beschleunigen, und spricht, wie so häufig, selbst bei Huppenkothen vor. Gute Nachrichten kann sie ihrem Mann bisher nicht mitteilen, die Angelegenheit zieht sich hin. Anfang Juli wird dem Häftling Moltke mitgeteilt, dass dessen Entlassung angeordnet sei, aber unter der Bedingung, dass er auf keinen Fall mehr in seine Dienststelle im OKW zurückkehrt, sondern Arbeiter in einer Munitionsfabrik werde. Es bleibt bei dieser Ankündigung.

Dass vollkommen unabhängig von ihren eigenen und Helmuth James' Bemühungen ein Drama ins Rollen gebracht worden ist, das entscheiden wird, was weiter geschieht – davon kann Freya nicht einmal etwas ahnen, als sie ihre Briefe in den Postwaggon wirft. Sie weiß nicht, dass Peter Yorck von Wartenburg schon am 19. Januar, am Abend der Verhaftung Moltkes, seinen Vetter Claus Schenk von Stauffenberg bei sich in der Hortensienstraße getroffen hat. Stauffenberg drängt schon seit geraumer Zeit auf ein Attentat, das Moltke – und bislang auch Yorck – ablehnen. Die Unterstützung der Deutschen für ihren «Führer» sei nach wie vor zu tief verwurzelt, glauben sie. Müsste man mit Hitler nicht die gesamte oberste Nazielite beiseiteräumen? Soll man wirklich den Aufbau einer neuen Gesellschaft mit einer Reihe von Morden beginnen? Und würde sich dann nicht, fürchtet vor allem Moltke, wie schon nach dem Ersten Weltkrieg eine neue «Dolchstoßlegende» bilden? Zudem kann man einen Staatsstreich nicht ohne volle Unterstützung der Generalität organisieren – und der traut Moltke gar nichts zu. So viele hohe deutsche Offiziere haben in all den Jahren seit 1933 immer wieder bewiesen, dass sie weder über den Mumm noch über die politische Integrität verfügen, sich Hitler deutlich entgegenzustellen.

Yorck hingegen befürchtet, dass sich nach Helmuth James' Verhaftung die Schlinge um den oppositionellen Zirkel immer enger schließen wird. Würde der Freundeskreis um ihn und Moltke auffliegen, dann wären auch all die mühseligen Planungen für ein neues, ein demokratisches, ein in Europa integriertes Deutschland, das sie nach dem Ende dieses Regimes aufbauen wollen, völlig vergeblich gewesen. Am 4. Juli sind auch Julius Leber und Adolf Reichwein festgenommen worden, als sie versuchten, Kontakt zu Kommunisten aufzunehmen, die sie für die Unterstützung eines Staatsstreichs gewinnen wollen. Ein Spitzel hat sie verraten – und nun steht zu befürchten, dass sie unter den «verschärften Verhörmethoden» zusammenbrechen. Eine Befürchtung, die sich als unbegründet erweisen wird: Beide, Leber wie Reichwein, werden bis zu ihrer Hinrichtung auch unter schlimmsten Prügeln standhalten.

Am wichtigsten aber ist: Jeden Tag sterben Hunderttausende Menschen. In den Vernichtungslagern. An der Front. Während der Bombenangriffe. Mit einem Staatsstreich lässt sich dieses apokalyptische Morden vielleicht beenden. Die Zeit wird knapp, an allen Fronten rücken die Alliierten vor. Jetzt noch, aber nicht mehr für allzu lange Zeit, glauben vor allem Stauffenberg und seine Gruppe von Widerständlern, wäre es vielleicht möglich,

Frieden zu schließen, den Verlust so vieler Gebiete im Osten noch zu vermeiden, ja sogar eine gewisse Hegemonie Deutschlands in Europa erhalten zu können. Ideen, die Moltke und Yorck vehement ablehnen – für Yorck aber ist eine Beendigung des Krieges ausschlaggebend.

Peter und Marion Yorck kümmern sich rührend um ihre Freundin Freya, wenn sie unterwegs nach Ravensbrück in der Lichterfelder Hortensienstraße übernachtet. Noch Jahre später wird sie sich dankbar erinnern, wie Peter einmal eigens in den Keller steigt, um der spätnachts eintreffenden und völlig erschöpften Freya eine «noch vorhandene, seltene, wunderbare Flasche Wein» heraufzuholen. Aber von Plänen für einen Staatsstreich, von den mehrfachen und immer wieder gescheiterten Versuchen in diesen Monaten zwischen Januar und Juli, Hitler endlich umzubringen, darf niemand, auch sie nichts erfahren.

Unterwegs auf Feld und Hof, weiß sie auch nicht, welches Drama sich seit den Mittagsstunden dieses 20. Juli abspielt. Gegen 12.30 Uhr hat Stauffenberg in der «Wolfsschanze», Hitlers ostpreußischem Hauptquartier, seine Aktentasche mit einer Bombe unter Hitlers Kartentisch platziert, eine zweite Bombe können Stauffenberg und sein Adjutant Werner von Haeften (dessen Bruder Hans Bernd zum Oppositionszirkel Moltkes gehört) nicht rechtzeitig scharf machen. Der Sprengkörper explodiert, als Hitler sich gerade weit über den Tisch beugt, der zerkracht in der Mitte, Stichflammen schießen hoch, Glassplitter und Holzteile fliegen umher. Stauffenberg und Haeften sind unterdessen unterwegs zum Flughafen, um nach Berlin zu fliegen. Im Bendlerblock, dem Hauptquartier des Allgemeinen Heeresamtes, wo sich wie verabredet auch Peter Yorck eingefunden hat, zögern die anderen Verschwörer mit der Auslösung der Befehle zur «Operation Walküre», die den Staatsstreich einleiten sollen. Das geschieht erst am Nachmittag, als Stauffenberg endlich in Berlin landet. Er weiß nicht, dass Hitler nur leicht verletzt wurde und dass er selbst schon als Attentäter identifiziert worden ist. Stauffenberg und seine Mitverschwörer versuchen, an ihrem Plan so gut wie möglich festzuhalten. Inzwischen haben die Vorbereitungen zur Abriegelung des Regierungsviertels begonnen, aber nicht einmal das Hauptquartier der Gestapo ist besetzt worden. Im Bendlerblock herrscht obendrein Verwirrung: Ist Hitler nun tot oder nicht? Im Radio wird vermeldet, Hitler habe ein Attentat überlebt. Telegramme aus der «Wolfsschanze» bestätigen das. Stauffenberg tut es als Propagandalüge ab. In Kreisau wird Freya wohl etwa um diese Zeit zu Abend essen und die Söhnchen zu Bett bringen.

In Berlin ist drei Stunden später klar: Die Lage ist aussichtslos, «Operation Walküre» gescheitert, die wichtigsten Knotenpunkte des Regimes sind nicht lahmgelegt; um halb elf Uhr abends kommt es zu einem Schusswechsel zwischen Stauffenberg und seinem Mitverschwörer Ritter Mertz von Quirnheim mit einem Trupp regimetreuer Offiziere, die den Bendlerblock gestürmt haben. Stauffenberg wird verletzt und gibt resigniert seine Waffe ab. General Friedrich Fromm, der den Putschisten zunächst seine Unterstützung zugesichert hatte, vollzieht in diesem entscheidenden Moment einen geschmeidigen Seitenwechsel und lässt den Oberst und seine Mitputschisten verhaften. Kurz nach Mitternacht werden Stauffenberg, sein Adjutant Werner von Haeften, General Friedrich Olbricht, der mit dem Allgemeinen Heeresamt die Schaltzentrale des Widerstands kontrolliert hatte, und Mertz von Quirnheim auf Befehl Fromms im Hof des Bendlerblocks erschossen. Yorck von Wartenburg wird mit zahlreichen anderen verhaftet und in die Prinz-Albrecht-Straße gebracht.

Gegen ein Uhr nachts, die Menschen auf dem Kreisauer Hof

liegen in tiefem Schlaf, lässt Joseph Goebbels eine bereits vorher schon aufgenommene «Botschaft des Führers an das deutsche Volk» senden. Eine «ganz kleine Clique ehrgeiziger, gewissenloser und zugleich verbrecherischer, dummer Offiziere» habe ihm nach dem Leben getrachtet. In seinem typisch grollenden Ton dankt Hitler wie so oft der «Vorsehung», die ihn vor dem Attentat gerettet hätte. Und er droht, dass «die verbrecherischen Elemente jetzt unbarmherzig ausgerottet werden». Der SS-Sonderkommission, die schon am frühen Morgen des nächsten Tages zusammengestellt und bald auf vierhundert Beamte anwachsen wird, gibt er in einer Lagebesprechung die Marschroute vor: «Diesmal werde ich kurzen Prozess machen.» Die «Verbrecher», diese «gemeinsten Kreaturen, die jemals den Soldatenrock getragen haben, dieses Gesindel, das sich aus einer anderen Zeit hinübergerettet hat», diesen in Wirklichkeit (und bei manchen von ihnen: endlich) von ihrem Gewissen getriebenen und durch eine Verkettung irrwitziger Zufälle gescheiterten Menschen soll keine Gnade widerfahren. Sie sollen, so will es der «Führer», «nicht die ehrliche Kugel bekommen, sondern hängen wie gemeine Verbrecher».

*Die Schlinge zieht sich zu*

Nicht nur Goebbels' Radiostationen, auch die Presse ist wohl noch rechtzeitig für den Aufmacher des nächsten Tages informiert worden. Vom misslungenen Staatsstreich liest Freya am Morgen des 21. Juli 1944 in der Zeitung. «Es war schrecklich», erinnerte sie sich später in einem Interview. «Ich las es … und war sprachlos. Meine Mutter, die eine sehr tapfere Frau und eine aufrechte Nazigegnerin war, aber natürlich nicht sehr viel wusste, fragte mich: ‹Betrifft dich das?› Und ich weiß, dass ich zu ihr sagte: ‹Mit Peter Yorck ist es, wie wenn ich einen Bruder verliere.› Die Frage, die mir fortwährend im Kopf herumging, war, was passiert jetzt als Nächstes?»

Von Helmuth gibt es vorerst keine Nachricht, ihren Brief vom Vortag und einen zweiten, am nächsten Tag verfassten, erhält er erst drei Tage später. Die Briefe, die sie ihm nach Ravensbrück schreibt, fand Freya genauso wenig wert, aufgehoben zu werden, wie all ihre früheren Briefe an ihn. Was sie ihm bis zu seiner Überstellung in die Haftanstalt Tegel am 27. September des gleichen Jahres berichtet, ist nur aus seinen Antworten zu erahnen, die ab Ende Juli empfindlich eingeschränkt werden, bis ihm ganz verboten wird zu schreiben. Jetzt, nach dem 20. Juli, ist die Zensur besonders penibel. Selbstverständlich darf Freya nichts von ihren Befürchtungen schreiben, sondern muss weiter wie gehabt vom Betrieb auf Kreisau berichten.

Und ihr Mann geht vollständig darauf ein. Sie teilt ihm mit, dass die Getreideernte wohl prächtig ausfallen wird – er bleibt skeptisch: «In diesem Jahr muss unheimlich viel Unkrautsamen aufgegangen sein, und selbst wenn es keinen anderen Schaden macht, so nimmt der den Kulturpflanzen Nahrung weg, und das wirkt sich in den nassen Jahren im Korn und nicht im Stroh aus. Man merkt das Ausmaß des Schadens erst in der Dreschmaschine», schreibt er, um dann fast übergangslos zu einem weiteren wichtigen Thema überzugehen, das von der Hoffnung zeugt, wenigstens Kreisau möge der Familie vielleicht erhalten bleiben, wenn er es auch nicht erleben wird: «Ja, das Ackern ist eine Kunst, und zwar eine, die für uns in Kreisau besonders wichtig ist. Keine Kenntnisse, keine Fähigkeiten vermögen bei uns einen

Mangel dieser Fertigkeit zu ersetzen, und wenn Du je einen Beamten ohne mich nehmen musst, so sieh vor allem zu, dass er das kann. Nimm nie einen Mann aus Gegenden mit leicht zu bearbeitendem Boden. Wenn Casparchen mal Landwirtschaft lernt, muss er die erste Lehre am besten auf einem Bauernhof mit schwierigem Boden machen. (…) Halte mit Deinen Kräften nur gut Haus, denn Du wirst derer noch viel brauchen. Gute Nacht, mein liebes Herz», schreibt er ihr am Abend des 24. Juli, nur um den nächsten Morgen mit Gedanken an Freya zu beginnen: «Guten Morgen, mein Lieber, ich habe noch faul im Bett gelesen, als Du schon an mich schriebst, habe aber sehr Deiner gedacht. Ich vermeinte, mit Dir am runden Tisch zu sitzen und plötzlich das Tapsen der kleinen Söhnchen über uns zu vernehmen. Ob es wohl so war? Auf Wiedersehen, mein Lieber, ob Du wohl bald kommst?»

Tatsächlich schafft sie es, eine erneute Sprecherlaubnis zu bekommen, um ihren Mann ein weiteres Mal in Drögen bei Ravensbrück zu besuchen. Er wird schon gegen Mittag in die Polizeischule gefahren, kann dort zwei Stunden dösend in der Sonne sitzen (noch genießt er die Vorzüge seines Namens und seinen Status als Schutzhäftling, noch weiß die Sonderkommission der SS zum 20. Juli nichts von seinen engen Verbindungen zu vielen der Verschwörer) und wird so Zeuge einer geradezu bizarren Szene: «Ich sah von einem der anderen Häuser entfernt lauter Generäle, Admiräle, Generalstabsoffiziere und ähnliche Honoratioren ihren Rundgang unter starker Bewachung machen», notiert er in sein Tagebuch. «Es war ein sehr komischer, wenn auch trauriger Anblick, alle diese Prachtuniformen jetzt in Gefangenschaft zu sehen.» Über das prächtig funktionierende Kommunikationssystem des Gefängnisses ist er umfassend informiert, wer in dieser ersten Augustwoche eingeliefert wird.

Von Peter Yorcks Ankunft weiß er schon nach zwanzig Minuten, wohl auch, weil Yorck, wie Freya berichtet, «so laut sprach, dass Helmuth ihn hören konnte». Von der Einlieferung anderer Mitglieder des oppositionellen Freundeskreises erfährt er «binnen 24 Stunden, obgleich alles getan wurde, es uns zu verheimlichen». Zu ihnen gehören neben Yorck auch die beiden Diplomaten im Auswärtigen Amt, Hans Bernd von Haeften und Adam von Trott zu Solz, der Konsistorialrat (und spätere Bundestagspräsident) Eugen Gerstenmaier, der Jesuitenpater Alfred Delp und Theodor Haubach, Sozialdemokrat und in der Weimarer Republik Pressesprecher des Berliner Polizeipräsidenten.

Um drei Uhr nachmittags kommt endlich Freya, bis um fünf dürfen sie miteinander sprechen. Zwischen den beiden gibt es keinen Moment des Haderns über die Entscheidungen, die im Grunde andere für sie getroffen und die nun auch Helmuth James in Todesgefahr gebracht haben. Was getan und gedacht wurde, die fundamentale Opposition zu Hitler ist und bleibt richtig, und die Wahl der Opposition war immer auch die Wahl der Gefahr. Freya ist alles andere als «nur» das Anhängsel ihres Mannes in seiner Arbeit. «Was mein Mann getan hat», das hat sie immer wieder betont, «das habe ich bejaht vom Anfang bis zum Ende. Ich habe ihm niemals davon abgeraten, davon abzulassen, sondern habe ihm zugeredet, weil ich überzeugt war, dass das zur Erfüllung seines Lebens der richtige Weg war.»

Wie schlecht die Chancen auch stehen mögen – jetzt gilt es, eine Verteidigungsstrategie auszuarbeiten. «Es war erfreulich zu finden, dass wir uns in allem ganz einig waren und dass wir nicht das Verhalten im Grundsatz, sondern nur seine praktischen Konsequenzen und die jetzigen Maßnahmen zu besprechen hatten», notiert er an diesem Abend in seine Kladde. Sie verabreden einen Code. Wenn er Bescheid gäbe, dass vierzig Morgen eines bestimmten Teils von Gut Kreisau umgepflügt werden müssten, dann würde das bedeuten, dass es hoffnungslos ist.

Niemals, auch später nicht, wird Freya ein einziges klagendes Wort über diese Zeit der Anstrengung verlieren; nicht über die Verantwortung, die sie in Kreisau für so viele Menschen trägt; nicht über das enorme Arbeitspensum, das sie zu bewältigen hat; nicht über die Anspannung und die Sorge um ihren Mann. Wie schwer ihr diese Zeit aber ist, darauf weist nur eine kleine Tagebuchnotiz ihres Mannes am Abend von Freyas letztem Besuch in Drögen hin: «Sie ist voller grauer Haare, sieht aber wohl aus.»

Am 7. August findet der Prozess unter anderem gegen Peter Yorck von Wartenburg vor dem Volksgerichtshof unter Vorsitz des berüchtigten Roland Freisler statt. Seiner Frau Marion wird nicht gestattet, der Gerichtsverhandlung beizuwohnen (ganz im Gegensatz zum späteren Bundeskanzler Helmut Schmidt, wie Marion Yorck in ihren Erinnerungen bemerken wird). Ein gutmütiger Justizbeamter lässt sie in seiner Wachstube mithören. Die schneidende Stimme Freislers dringt bis zu ihr, die Angeklagten lässt er kaum zu Wort kommen, er beschimpft sie als «Charakterschweine», «Lumpen», «Verbrecher und Verräter». Zwei Tage dauert die Verhandlungsfarce, schon am 8. August fällt das Todesurteil, das noch am gleichen Abend unter dem gleißenden Licht von Scheinwerfern vollstreckt wird. Hitler hat befohlen, die Ermordung der Attentäter zu filmen, er wird sich das Material wieder und wieder ansehen. Im Protokoll des Verfahrens ist nur der Kreis der unmittelbaren Verschwörer genannt. Bald darauf werden Marion Yorck wie auch Nina von Stauffenberg, Barbara von Haeften, Clarita von Trott zu Solz und so viele andere Ehefrauen in Sippenhaft genommen.

Schon am Tag nach Yorcks Hinrichtung taucht zum ersten

Mal der Name Moltkes in einem Bericht des Chefs der Sicherheitspolizei und des SD, Ernst Kaltenbrunner, auf, den dieser täglich Martin Bormann, Hitlers engstem Vertrauten, erstatten muss. In Salzburg hat die Gestapo den ehemaligen Landeshauptmann Franz Rehrl verhaftet, der in seinem Verhör von einem Besuch Moltkes erzählt, bei dem es auch um einen Regierungswechsel gegangen sei. Langsam begreift die Sonderkommission, dass sie es keineswegs nur mit einer «kleinen Clique ehrgeiziger Verschwörer» zu tun hat, sondern dieses verzweigte Netzwerk von Oppositionellen Hunderte Menschen aus allen gesellschaftlichen Schichten und verschiedenster politischer Ansichten umfasst.

Am 12. August gerät ihr der ehemalige Leipziger Bürgermeister Carl Friedrich Goerdeler in die Hände, der sich Stauffenberg eng angeschlossen hatte, zu dem Moltke hingegen immer Distanz zu wahren suchte. Zu sehr, glaubte er, knüpften dessen Vorstellungen an ein Deutschland, das es mit Hitlers «Machtergreifung» nicht mehr gab, und an teilweise reaktionäre Vorstellungen, die es auch nicht wieder geben sollte. Goerdeler, schreibt Joachim Fest, «bleibt sichtlich auch vor den Vernehmungsbeamten seinem lebenslangen Wahrheits- und Vernunftglauben auf geradezu todbringende Weise treu» und wird in der Haft, gefesselt an schwere Ketten, unter beständiger greller Beleuchtung und in zahlreichen Verhören zermürbt. Er packt nicht aus, weil er ein Verräter ist. Er packt aus, weil er sich in den in seinem Wesen ohnehin verankerten Wahn hineinsteigert, er könne die Vernehmungsbeamten, ja, sogar die Spitzen des Regimes noch von ihren Fehlern überzeugen. Ganz, als seien die Brutalität, der Terror, die Zerstörung aller hergebrachten gesellschaftlichen Grundlagen ein Irrweg und nicht das wahre Wesen des Nationalsozialismus.

Wenige Tage nach Goerdelers Verhaftung können die Ermittler bereits Verbindungen zwischen Yorck und Moltke herstellen, die auf weit mehr hinweisen als eine lose Bekanntschaft zweier Männer von gleichem Stand und gleicher Herkunft. Am 16. August wird Moltke zusammen mit dem Sozialdemokraten Julius Leber verhört, einen Tag mit Julius Leber und Theodor Haubach, was darauf hinweist, dass die Gestapo auch eine Verbindung zwischen diesen Männern vermutet. Eugen Gerstenmaier und Pater Delp werden im Keller der Gestapo in der Berliner Meinekestraße schwer geprügelt. Gerstenmaiers Verteidigungsstrategie ist, sich möglichst naiv zu stellen. Er berichtet den Vernehmern von zwei Tagungen in Kreisau, bei denen man aber nur allgemein über Fragen des Verhältnisses von Kirche und Staat gesprochen habe, gelegentlich, so wird im Verhörprotokoll vermerkt, seien auch «astrologische, kosmologische und ähnlich okkulte Fragestellungen» aufgetaucht; nur ganz am Rande und nur in «laienhafter Weise» habe man auch außenpolitische und militärische Fragen gestreift. Die Protokolle über die wahren Gesprächsgegenstände, die alles andere als okkult sind, bewahrt Freya hinter den Dachsparren des Kreisauer Schlosses auf. Seltsamerweise – und vielleicht immer noch dem Respekt vor dem alten Feldmarschall geschuldet – macht die Gestapo dort niemals eine Hausdurchsuchung. Und anders als die Frauen der Attentäter des 20. Juli wird Freya auch nicht in Sippenhaft genommen.

Am 19. August wird Helmuth James von Moltkes Status als Untersuchungshäftling aufgehoben. Am 25. August erhält Kaltenbrunners Bericht an Bormann die Überschrift «Der Kreisauer Kreis». Der Gestapo ist nun völlig klar, dass Moltke sich größerer «Verbrechen» schuldig gemacht hat, als nur ein paar Bekannte vor einer Überwachung zu warnen.

## Im Totenhaus

Immer ist Helmuth James der Realist gewesen, der Skeptiker, und Freya zwar unerschütterlich bodenständig, aber ausgestattet mit einem Optimismus, einer Heiterkeit, die ihr Lebensgrundton ist. Nach dem 20. Juli jedoch, nachdem klar ist, dass mit einer Entlassung nicht gerechnet werden kann, ja, dass nunmehr wirklich das Schlimmste befürchtet werden muss, da entwickelt sich Helmuth James zu einem immer stärker im Glauben aufgehobenen, zuversichtlichen Menschen, und nun ist sie es, die nicht recht an die Möglichkeit eines Erfolgs zu glauben vermag. «Aus einem psychologisch auf Nicht-Verteidigung eingestellten Angeklagten ist ein Mann geworden, der entschlossen ist, alles zu tun, was seiner Verteidigung dienen kann, und dann hat er auch eine immerhin akzeptable Verteidigungslinie, die ihm schon wieder so viel Sicherheit gegeben hat, dass er sich gar nicht scheut, immerhin unverschämte Briefe an Heinrich Himmler zu schreiben», beschreibt Moltke seinen inneren Wandel.

«Das Traurige ist», sagt Freya Jahrzehnte später, «dass ich nie an diese Verteidigung geglaubt habe.» Alle die zum Freundeskreis gehörenden Inhaftierten sitzen in verschiedenen Gefängnissen, nichts kann abgestimmt werden, es besteht kaum eine Möglichkeit, einander über die in den Verhören gemachten Aussagen zu informieren. «Ich dachte, das geht nicht gut», so Freya. «Das geht nicht, wenn nicht die Alliierten kommen. Ich meine, es konnte noch allerlei passieren, aber es passierte nichts.» Mitte September scheitert der Versuch britischer Luftlandetruppen, in der niederländischen Stadt Arnheim eine Brücke über den Rhein zu erobern. Die Pläne für eine Invasion des Ruhrgebiets müssen zunächst verschoben werden.

Nachrichten von ihm sind spärlich geworden, zehn Zeilen, und die nur selten, sind ihm erlaubt; wie ist von der Hoffnung auf Leben und der Erwartung des Todes in zehn Zeilen zu erzählen? In einer dieser Mitteilungen steht, dass drei Viertel der vierzig Morgen in Kreisau umgepflügt werden müssen. Dann hören die Nachrichten ganz auf. Ende September fährt Freya noch einmal, ohne Sprecherlaubnis, nach Drögen; in der Hoffnung, wieder einmal das Gute in einem Menschen hervorzuholen und ihren Mann sehen zu können. Aber am Tag zuvor ist Moltke fortgebracht worden. Man begrüßt die alte Bekannte durchaus freundlich: «Wie gut, dass Sie kommen, Ihr Mann ist gestern verlegt worden, und hier sind seine Sachen. Außerdem braucht er einen Anzug.» Versteckt in seiner Wäsche sind auch die beiden kleinen Kladden, sein Gefängnistagebuch, das sie jahrzehntelang hüten wird, bis sie, im Grunde schweren Herzens, die so persönlichen Eintragungen ihres Mannes zur Veröffentlichung freigibt.

Tagelang war sie von Kreisau nach Berlin unterwegs gewesen, hat dort bei Freunden übernachtet. (Das Haus der Yorcks hat die SS versiegelt – und wird es später an eine linientreue Familie weitergeben. Als Marion Yorck aus der Sippenhaft entlassen wird und ihr Haus in der Hortensienstraße aufsucht, öffnet ihr eine fremde Frau, die eines ihrer Kleider trägt.) Jetzt muss Freya wieder von Drögen nach Berlin, angeblich ist ihr Mann in das SS-Gefängnis Lehrter Straße eingeliefert worden. «Als ich dann den schweren Koffer mit Helmuths Sachen zum Bahnhof schleppte, war mir ganz klar, woran wir waren. In meinen Zug zurück nach Berlin stieg dann ausgerechnet der Gestapo-Mann, der mir immer freundlich begegnet war, in mein Abteil. Im Lauf des kargen Gesprächs fragte ich ihn, nun wieder hoffen wollend, ob es schlecht stehe. ‹Ja, sehr schlecht›, sagte er.»

Im Gefängnis Lehrter Straße ist er nicht, das Gebäude wurde kurz zuvor von einer Bombe getroffen. «Der Lange», sagt der wachhabende SS-Mann zu Freya, «der ist nach Tegel gekommen.» Tegel, das ist das «Totenhaus», der Ort, zu dem all jene verbracht werden, die ein sicheres Todesurteil zu erwarten haben. Aber Tegel, das ist auch der Ort, an dem Pfarrer Harald Poelchau Dienst tut. Poelchau, der an einer der Kreisauer Sitzungen teilgenommen hat, der – unerschütterlich im Glauben – fast jeden Tag Menschen in den Tod begleiten muss, der auch Peter Yorck in seinen letzten Stunden beigestanden hat. Der morgens seine Aktentasche, ja selbst die Taschen seiner Jacketts und deren Innenfutter mit Lebensmitteln für die kärglich verköstigten Gefangenen vollstopft. Die Honigbrötchen, die er vor allem den Frauen in Sippenhaft mitbringt, müssen aus Vorsicht noch vor seinen Augen gegessen werden. Niemand kommt jemals auf die Idee, diesen geradezu mit der Aura der Unantastbarkeit ausgestatteten Menschen vor Antritt seines Dienstes filzen zu wollen.

Helmuth James also sitzt im Totenhaus. Aber er ist in Obhut Poelchaus, zu dessen Vorzimmer Freya auch sofort gebracht wird. «Und wie ich da saß, kam leichenblass Romai Reichwein rein: ‹Ich habe gerade den Helmuth draußen gesehen!› Da bin ich, als ob ich Türen sprengen könnte, dahin gestürzt, denn erst musste ein Wachtmeister hier eine Tür aufmachen und da eine Tür, ich sagte: ‹Ich muss raus!› Am Eingang traf ich meinen Mann im Sträflingsanzug. Wir durften nicht zeigen, dass wir uns kannten. Aber was ich sah und was er sah, war, dass wir beide noch zusammen waren. Wir haben uns nur angesehen. Ich habe keine Miene verzogen und er auch nicht; er ist über den Platz gegangen. Mein Mann wurde zu einer Vernehmung abgeholt, ich ging zurück zu Poelchaus Vorzimmer. Wie mich vielleicht der Gefängnisbeamte angeschrien hat! Ich wäre gelaufen, und was das überhaupt wäre, hin und zurück, das gäb's doch gar nicht. Das war mir völlig egal, ich war wie im Himmel. Ich hatte gesehen, mein Mann ist noch nicht zerstört von den Nazis.»


## Abschied


Wie von ihrem Mann gewünscht, spricht Freya selbstverständlich bei allen vor, die in der Lage wären, ihr zu helfen, oder bereit sind, ihr wenigstens Gehör zu schenken. Sogar Heinrich Müller, der Chef des Reichssicherheitshauptamtes, empfängt sie. Er ist höflich zu ihr, wie überhaupt alle immer höflich sind zu Freya – und besitzt tatsächlich die Unverschämtheit, Freya von Moltke für die nationalsozialistische Sache gewinnen zu wollen. «Ihr Mann hätte in seiner Studierstube sitzen bleiben müssen und sich gar nicht um solche Sachen bekümmern sollen», teilt er ihr jovial mit – und sie überlegt sich, wie sie ihn vielleicht doch retten, wie sie zu ihm stehen kann, aber ohne zu verraten, dass sie alles weiß. «Was Sie mir auch erzählen», erwidert sie Müller, «seine Söhne werde ich in Liebe und Ehrfurcht vor ihrem Vater erziehen.» Das beeindruckt ihn offenbar, denn er will Moltkes Bitte um ein Gespräch nachkommen – und bringt es dann fertig (selbst in der Erinnerung ist Freya noch zutiefst empört darüber), ihr noch auf den Gang hinterherzurufen: «‹Wenn's dann vorüber ist, kommen Sie doch zu uns! Wir wollen Ihnen gerne helfen.› Wie naiv, dass er mir zutraute, ich würde mir von den Nazis helfen lassen, von diesen Leuten, die meinen Mann umbringen! Ich kam nicht in diese Lage.»

Es gibt Menschen, selbst unter den Nazis und auch unter den weniger Charakterstarken, die versuchen, Moltke zu helfen. Onkel Carl Viggo, jüngster Bruder von Helmuth James' Vater und kaum älter als sein Neffe, tut alles Mögliche, um ihn zu retten; ausgerechnet Carl Viggo, der seine Richterkarriere auch inmitten des NS-Unrechts nicht aufgeben möchte, dem die Karriere wichtiger ist, als die Verantwortung für eine Gewissensentscheidung zu übernehmen, der für Helmuth James zu jenen Leuten gehört, die «nicht sehen wollen, welches Unheil durch die Art angerichtet wird, in der man sich seiner Verantwortung entledigt». Für Moltke verwendet sich auch Gustav Adolf Steengracht von Moyland, ein Parteimitglied der ersten Stunde, Seiteneinsteiger im Auswärtigen Amt und lange treuer Vasall des Außenministers Joachim von Ribbentrop. Diese Hilfe dürfte Steengrachts Frau Illemie geschuldet sein, einer Freundin von Freyas älterem Bruder Carl Deichmann und überzeugte Hitler-Gegnerin. Auch reicht Moltke ein erneutes Gnadengesuch an Heinrich Himmler ein – das dieses Mal völlig fruchtlos bleibt. Freya behält recht, die Verteidigungsstrategie funktioniert nicht. Einer nach dem anderen aus dem Kreisauer Kreis wird vor Freislers Volksgerichtshof gestellt, zum Tode verurteilt und hingerichtet (Gerstenmaier ist einer der wenigen, der diesem Schicksal entgeht). Am 20. Oktober wird Adolf Reichwein getötet, seine Frau Romai wagt es nicht, die Nachricht ihren Kindern zu überbringen. Das wird sie erst tun, als Freya ihrem älteren Sohn vom Tod des Vaters erzählt.

Freya bleibt während dieser langen Wochen bis zur Gerichtsverhandlung in Berlin bei Carl Dietrich von Trotha, einem Vetter ihres Mannes; nach Kreisau fährt sie nur, um Lebensmittel zu holen. Ihre Schwägerin Asta hütet die Kinder und kümmert sich um den Betrieb, «ohne sie hätte ich das gar nicht gekonnt». In

Berlin ist für sie die Wohnung von Harald Poelchau und seiner Frau Dorothee ein Zufluchtsort, genau wie für Brigitte Gerstenmaier und später, nach deren Haftentlassung, für Clarita Trott und Marion Yorck. Oft begleiten die Poelchaus, die im Wedding wohnen, die Frauen mit der S- oder U-Bahn, «über uns die brennende Stadt», zu ihren Unterkünften am ganz anderen Ende Berlins. «Das begründet Freundschaften fürs Leben!»

Poelchau ermöglicht es ihr auch, mit ihrem Mann in Kontakt zu bleiben – fast täglich hat er neue Briefe ins Gefängnis und von dort heraus zu schmuggeln, Briefe, die Freya im Gegensatz zu all den anderen Schreiben an ihren Mann aufhebt, aber erst für die Zeit nach ihrem eigenen Tod zur Veröffentlichung freigibt. In Berlin fühlt sie sich, so schreibt sie, ihrem Mann näher; dort haben sie Anfang der dreißiger Jahre die sorgloseste, von Pflichten noch gänzlich unbeschwerte Zeit eines Studentenpaares verlebt, und dort wird sie auch nicht abgelenkt von all den Aufgaben, die in Kreisau erledigt werden müssen. Immer wieder kann sie eine Sprecherlaubnis erhalten, immer wieder erfährt sie selbst im Totenhaus mitfühlende Menschlichkeit. Der Gefängnisarzt ist ein hundertprozentiger Nazi – aber weil seine Krankenpfleger ihn tüchtig hassen, holen sie unter allen möglichen Vorwänden auch die politischen Gefangenen in die Krankenstation, wo sie ein paar Tage Ruhe und ordentliche Verpflegung genießen können. Kurz nach Moltkes Gerichtsverhandlung am 9. und 10. Januar 1945 können sie zusammen mit Poelchau noch einmal eine Messe mit Abendmahl feiern.

Vier Monate lang nehmen sie intensiv Abschied voneinander. «Wie beglückend, dass wir uns noch einmal sahen», schreibt sie ihm, «wie gut und voller Gnade das alles ist und wie glücklich ich darüber bin, mein Herz. Ich glaube, ganz genau zu wissen, wie es in dir aussieht, ich bin zwar weit hinter dir zurück und werde es auch bleiben, aber deshalb gerade gehöre ich zu Dir, und so bleibt es auch für immer. Ich werde leben müssen, Du, das wird schwer sein, aber es wird gehen, denn ich werde dich weiter lieben dürfen. Du musst auch bitte in der Gewissheit sterben, dass ich außer Gott nur Dir gehöre. (…) Wir sind sehr reich und haben, davon bin ich überzeugt, das höchste Glück genossen, das es auf der Welt gibt. Wie gut, dass Du Dich doch noch zu mir entschlossen hast, wie gut, dass ich Dir die Söhnchen entrissen habe, wie viel werde ich, wenn Du nicht mehr lebst, Beglückendes zu denken haben. Ich werde alt und anders werden, aber Du wirst in mir drin sein, bis ich sterben und Dich wiedersehen darf.»

Zeigt er vor dem Prozess Anzeichen von Verzagtheit – nicht etwa in Erwartung des Todes, sondern angesichts der Frage, ob er vor Freisler, diesem schreienden, geifernden Mann, die Würde bewahren kann –, dann zieht sie Erkundigungen über diesen ein. Freya setzt bei Freisler höchstpersönlich durch, dass dem von Ischias geplagten Moltke ein Stuhl zur Verfügung gestellt wird, sodass er nicht vor diesem Richter stehen muss – und sie richtet ihn auf: «Über Freisler sagte er [der «Informant», S. T.), er sei der klügste Mann des ganzen Regimes. Ich persönlich habe das Bedürfnis, Dir zu sagen, Du mögest Dir ja nichts gefallen lassen. Wenn er brüllt, dann brülle wieder! Ich finde es auch wichtig, dass Du groß aus der Sache herausgehst. Ich bin der Überzeugung, dass Du Dich verteidigen darfst bis zum Äußersten, aber schlängeln darfst Du Dich nicht. Brauchst Du nicht, und vor allem darfst Du Dir nicht an den Karren fahren lassen.» Für die Zeit seines Prozesses nimmt sie sich vor, «etwas zu tun, zu nähen, zu stopfen oder etwas, was leidlich meine Hände beschäftigt. Es wird mir helfen, ruhig zu bleiben, so wie Du mich brauchst.»

Nein, es gibt auch jetzt keinen Zweifel, kein Hadern zwischen und in diesen beiden Menschen: «Dass Du ein ‹großer› Mann hättest werden können, ist gänzlich uninteressant. Dass aber die Bombe vor Deinem Zimmer [seiner Zelle, Anm. S. T.] nicht explodiert ist, das ist wichtig gewesen. Ich glaube an den Sinn, wenn Du jetzt sterben musst. Mein Jäm, fühlst Du, wie wunderbar einig wir uns sind? Um die Söhnchen und mein Leben mach Du Dir ja keine Sorgen. Ich fürchte mich gar nicht. Das werden wir fertig bringen mit und ohne Kreisau, mit und ohne Geld, mit und ohne den Kommunismus. Die Söhnchen werden schon gut und richtig werden.»

Und er schreibt ihr Anfang Januar zurück: «Die Zeit wie jetzt wird für Dich nicht so schlimm sein, die Zeit unmittelbar nach meinem Tode wird auch gehen, aber nach einiger Zeit kommt der Alltag, und das wird der schlimmste Augenblick sein. Du musst den Tiefpunkt durchwandern und den Schmerz ertragen. Versuch nicht, durch übermäßige Geschäftigkeit darüber hinweg zu huschen, Du engst das Plätzchen ein, an dem ich weiter wohnen will. Der Schmerz weitet dieses Plätzchen.» Und schließlich: «Ohne Dich, mein Herz, ‹hätt’ ich der Liebe nicht›. Ich sage gar nicht, dass ich Dich liebe; das ist gar nicht richtig. Du bist jener Teil von mir, der mir alleine eben fehlen würde; denn hätte ich das, so wie Du es hast, diese größte aller Gaben, mein liebes Herz, so hätte ich vieles nicht tun können, so wäre mir so manche Konsequenz unmöglich gewesen, so hätte ich dem Leiden, das ich ja sehen musste, nicht so zuschauen können und vieles andere. Nur wir zusammen sind ein Mensch. Wir sind ein Schöpfungsgedanke.» Der letzte Satz, den er von ihr liest, heißt schlicht: «Ich nehme Dich mit, und ich bleibe bei Dir, in Liebe. P(im).»

Am 23. Januar 1945 wird Graf Helmuth James von Moltke hingerichtet.

Die Rückfahrt nach Schlesien tritt Freya zusammen mit der inzwischen aus der Sippenhaft entlassenen Marion Yorck an, die ihrerseits unterwegs ist zum Yorck'schen Gut Klein-Oels. Vierundzwanzig Stunden dauert die Fahrt, der Zug ist hoffnungslos überfüllt, die Front rückt immer näher. Eng aneinandergedrückt sitzen die beiden Frauen auf ihrem Holzbänkchen, sie haben die «schönsten Butterbrote» dabei. Marion war geistesgegenwärtig genug, aus der Hortensienstraße noch eine Flasche feinsten Malagas mitzunehmen, die während der langen Reise genüsslich geleert wird. «Die Fahrt», erinnert sich Freya später, «war ganz heiter.»

Monate der Anspannung sind vorüber, in denen eine immer wieder aufflammende Hoffnung bisweilen schwerer wurde, als sich dem Unvermeidlichen hinzugeben. In zwei Monaten wird sie ihren vierunddreißigsten Geburtstag begehen; sie ist eine Witwe mit zwei kleinen Jungen inmitten des Kriegschaos; Kreisau, die Landschaft, in die sich die geborene Rheinländerin verliebt hat, der Betrieb ihres Mannes, der Sitz der Familie und seit über zehn Jahren ihre eigene Heimat, wird nicht zu erhalten sein, vielleicht nicht einmal das kleine Berghaus, in dem die Anwesenheit von Helmuth James physisch spürbar ist. Aber sie ist wie getragen von der Intensität der letzten Wochen mit ihrem Mann. Sie wird tatsächlich «eine andere» werden. Sie wird den Großteil ihres Lebens im Ausland verbringen, sich später sogar um das Erbe eines anderen großen Mannes kümmern und auf wunderbare Weise helfen, Kreisau – nicht für sich selbst oder die Familie, sondern für eine neue Generation junger Europäer – wiederzugewinnen. Aber ihren Mann, Helmuth James, wird sie nie verlassen.

Wer war sie eigentlich, als sie diesen gutaussehenden jungen Mann aus gutem Hause traf?

# ZWEITES KAPITEL

# «Den Menschen und dem Leben zugewandt»: Von Köln nach Kreisau

Man lebt standesgemäß in dem schon seit zwei Generationen von der Familie bewohnten Haus am Kölner Georgsplatz. Das Bankhaus Deichmann ist angesehen, bei Diners (in den zwanziger Jahren flott in «Cocktailpartys» umbenannt) und den minuziös vorbereiteten Abendtafeln trifft sich eine handverlesene Gesellschaft von Gästen aus Wirtschaft, Kultur und Wissenschaft. Den Kindern Deichmann, Carl, Hans und der Nachzüglerin Freya, sind im zweiten Stock des Hauses, über den Dienstboten- und Empfangsräumen, ganze fünf Zimmer zugewiesen. Eines für jedes Kind mit Sicht über die Lindenbäume hinüber zur St.-Georgs-Kirche, ein großes zweifenstriges und helles Spielzimmer in der Mitte und eines für die Betreuerin.

Wer in einem solchen Umfeld aufwächst, der erlebt die Eltern nicht als tägliche Präsenz. Vater Carl Theodor Deichmann ist als Hausherr eine geachtete, aber etwas unnahbare Erscheinung. In ihrem eigenen Zimmer sehen die Söhne den Vater ein einziges Mal, als er ihnen am frühen Morgen des 29. März 1911 die Geburt einer kleinen Schwester mitteilt. (Und ihnen ein Leiterwägelchen als Geschenk mitbringt, das die Buben wesentlich mehr interessiert.) Mutter Ada, viel jünger als ihr Mann und nicht sonderlich glücklich in der Ehe, ist, wie so viele Damen dieses Standes, die wohl liebevolle, aber vielbeschäftigte Dirigentin eines großen Haushalts. Sie hat nur die großen Leitlinien vorzugeben. Die tägliche Erziehung aber, das immerwährende Ausloten von Seiten der Kinder, was man sich wohl erlauben kann und was man lieber zu unterlassen hat, das findet auf andere Weise statt. Das erledigen die zahlreichen Dienstboten, nein, die Hausmitbewohner, wie Hans sie später lieber nennt, und für Freya ganz gewiss auch die großen Brüder. «Ein wenig rabiat» seien sie gewesen, zuweilen hätten sie sogar zu «grausameren Erziehungsmethoden» gegriffen, was wohl in erster Linie bedeutet, dass weinen, sich zickig anstellen (oder was die Brüder darunter verstehen) nichts ist, was der kleinen Schwester durchgelassen wird. Tapfer sein, Zähne zusammenbeißen und sich doch nichts gefallen lassen dürfte also zum schnell ausgebildeten Grundrepertoire Freyas gehört haben. Was der Liebe und dem gegenseitigen großen Respekt, den die Geschwister zeitlebens füreinander empfinden, keineswegs einen Abbruch tut. Im Gegenteil.

Die Brüder sind es, die ihr, nachdem die Privaterziehung von einer Ausbildung im Internat abgelöst wird, Aufregendes von der Welt jenseits des großbürgerlichen Kölner Universums berichten. Und sie, vor allem Hans, der mittlerweile in Wien studiert, erzählen ihr auch von «Fraudoktor». Was heißt erzählen? In den höchsten Tönen und ohne Unterlass haben sie ihr vorgeschwärmt: Frau Eugenie Schwarzwald führe in dem großen Pavillon, den sie mit ihrem Mann im Hintergarten des Hauses in der Josefstätter Straße 68 in Wien bewohnt, einen Salon. Was in der Intellektuellen- und Künstlerszene Rang und Namen hat, geht bei ihr ein und aus. Aber nicht das Gesellschaftliche ist faszinierend an «Fraudoktor» und schon gar nicht die «Salondame» – die Bezeichnung könnte kaum weniger passen für diese rundliche, kleine Person mit dem stupsnäsigen Kindergesicht. Mondänes Auftreten oder gar Extravaganz sind nicht «Fraudoktors» Stil; in ihren Salons zieht sie sich lieber in den Hintergrund zurück, als mit den brillanten Köpfen zu glänzen, die sie aufsuchen. Schwarzwald begeistert vor allem durch ihre Berufungen, denen sie mit großer Leidenschaft nachgeht.

Zunächst ist sie Wohltäterin. In Wien und Berlin richtet sie nach dem Ende des Ersten Weltkriegs Suppenküchen ein, denn die Not in allen Bevölkerungsschichten ist groß. Ihre «Mensa» im alten Berliner Schloss, in der auch der Student der Rechtswissenschaft Helmuth James von Moltke für ein paar Mark ein angenehm preiswertes Mittagessen einnimmt, ist nach modernen Maßstäben gebaut. Gekocht wird nach den neuesten Erkenntnissen der Ernährungswissenschaft. Sie hat völlig zu Recht den Ruf, eine gnadenlos gute Spendensammlerin zu sein.

Ihr Hauptprojekt sind jedoch ihre Mädchenschulen. Schwarzwald versteht sich als Pädagogin, und ihr Doktor ist keineswegs der Wiener Titelschmeichelei oder dem akademischen Grad ihres Ehemannes (dem Bankdirektor Dr. Hermann Schwarzwald) geschuldet. Geboren in einem kleinen galizischen Dorf, zur Schule gegangen in der Bukowina, im heute ukrainischen Czernowitz, hat sie sich ihren Dr. phil. in den Fächern Philosophie und Germanistik an der Universität Zürich erworben, der einzigen europäischen Hochschule jener Zeit, die Frauen zur Promotion zulässt. Dabei ist sie keineswegs eine glühende Feministin. In ihrer Volksschule werden Buben und Mädchen gemeinsam unterrichtet, und das Mädchen-Lyzeum ist mitnichten als Kadettenanstalt für zukünftige Blaustrümpfe gedacht. Aber das Abitur – oder österreichisch Matura – soll den Mädchen doch wenigstens erlaubt sein. Sie möchte, dass die Schülerinnen ihre Talente entfalten, dass sie mehr vom Leben erwarten. Ihre Bildung soll nicht nur auf das von Frauen jener Zeit gesellschaftliche Mindestmaß reduziert bleiben: nämlich den zukünftigen Ehemann nicht zu langweilen oder ihm mit hohlem Geplapper auf dem gesellschaftlichen Parkett die Karrierechancen zu verderben. Was die pädagogische

Systematik betrifft, geht es an ihrem Institut eher ungeordnet zu. Dafür gehören in den Fächern Kunst, Architektur, Literatur und Musik Persönlichkeiten wie Oskar Kokoschka, Alfred Loos, Robert Musil und Arnold Schönberg zum Lehrkörper.

*«Sie lehrte uns alles, dessen man bedarf,*
*um ein freier Mensch zu sein»*

Im Europa der Vorkriegszeit hat Eugenie Schwarzwald diese eigentümliche Mischung aus überbordendem Zukunftsglauben und Lebensüberdruss, aus Resten bürgerlicher Verklemmtheit und provokanter Frivolität einer Avantgarde erlebt, die sich geradezu mit Genuss in etwas stürzte, das sie für ein «reinigendes Stahlgewitter» hielt. Nach dem europäischen Totentanz des Ersten Weltkriegs soll etwas anderes, Gesünderes entstehen. Aber niemand ist auf ein demokratisches System vorbereitet. Niemand weiß, wie ein Parteiensystem aufzubauen wäre, das genau diese Form der Entscheidungsfindung pflegt und sich nicht allein über die enggesteckten Grenzen eines bestimmten Milieus oder einer festgefügten Ideologie definiert. Schon wieder neigen die Jungen zu einem euphorisch-lebensmüden Tanz auf dem Vulkan – gerade die Inflation hat ihn befeuert, als frischgebackene Abiturienten in wenigen Tagen ein Millionenvermögen anhäufen, während die Väter nicht nur ihre Ersparnisse, sondern auch ihren Glauben an alles verloren, was einmal als (moralischer) Wert noch gültig schien.

Schwarzwald will nichts weniger, als den Jungen helfen, sich zurechtzufinden bei der Aufgabe, ein tragbares Fundament zu errichten, auf dem eine mit der Demokratie wenig vertraute Gesellschaft stehen kann – was nur möglich ist, wenn es gelingt, sorgsam darüber zu entscheiden, was alt, aber brauchbar, was überkommen und verzichtbar und was neu, aber nicht wünschenswert ist. Noch Jahre später erinnert sich Freyas Bruder Hans Deichmann geradezu dankbar an das, was «Fraudoktor mich gelehrt hat: zuhören, Geduld haben; Vorurteilen aus dem Weg gehen; im Urteil unbestechlich sein; nichts beschönigen (ein deutsches Nationalübel); sein Ziel nicht aus den Augen verlieren, ohne es um jeden Preis sofort erreichen zu wollen; die eigenen Fehler hinnehmen und sie eingestehen; Selbstpersiflage (ein Lieblingswort von Fraudoktor); begreifen, was bedingungsloses, aber zugleich anspruchsvolles Wohlwollen bedeutet, und vieles mehr, kurz alles, dessen man bedarf, um ein relativ freier Mensch zu sein».

Ein See, lang hineingegossen in ein Tal sanft abfallender Almwiesen, ist der Schauplatz, an dem «Fraudoktors» unaufdringlich-fröhliche Lehrstunden in gelebter Demokratie stattfinden. Jeden Sommer lädt sie ein paar ihrer arrivierten Salongäste und junge, vielversprechende Leute an den Grundlsee im österreichischen Salzkammergut. Dazu gehören der Schriftsteller Carl Zuckmayer, der 1925 seinen ersten Triumph mit der Komödie «Der fröhliche Weinberg» feiert und eine Schülerin Eugenie Schwarzwalds heiraten wird, der Pianist Rudolf Serkin oder auch Egon Friedell, der – welch Revolution der Historiographie – soeben seine hochgelehrte und gänzlich ohne Fußnoten auskommende «Kulturgeschichte der Neuzeit» veröffentlicht hat. Wie in einem Landschulheim leben die jungen Leute im «Seehof», einer alten Pension, die Schwarzwald gekauft hat. Für Unterkunft ist gesorgt, die «Kinder», wie sie ihre Künstlerschar nennt, haben nichts weiter beizusteuern als ein paar Mark für Verpflegung und außerdem Witz, Esprit, Talent und die Lust, sich endlos auszutauschen. Bis spät in die Nacht wird Theater gespielt auf der Wiese vor dem «Seeblick» oder auf der Veranda des Hauses, werden Konzerte gegeben, und vor allem wird diskutiert. «Es entstand dort eine Gemeinschaft, in der niemand mehr vorstellte, als er war, wo niemand schlecht von anderen redete und wo keiner sich einen Vorteil mit einem Trinkgeld kaufen konnte», erinnert sich die dänische Journalistin Merete Bonnesen, die zu der weltläufigen Personnage gehört, die Schwarzwald um sich versammelt. Da mag ein bisschen Verklärung mitschwingen – dass so viel Talent auf engem Raum völlig auf Eitelkeit verzichtet hätte, ist kaum vorstellbar –, aber vor allem Wehmut darüber, wie alles hätte werden können.

Selbstverständlich will Freya mit zum Grundlsee. Aber eine Achtzehnjährige allein mit den Brüdern in einem Ferienheim, in dem junge Frauen und Männer zusammenleben, enthusiastisch bis in die Haarspitzen von den durchredeten Nächten, die Haut wohlig von der Sommersonne gewärmt, vom Schwimmen und von den Wanderungen in wenig oder nur leichter Bekleidung, körperbewusster, als selbst die Etikette der «wilden Zwanziger» erlaubt? Kommt nicht in Frage. Auch nicht für die sonst durchaus liberale Mutter Ada Deichmann.

So fällt in der Villa Deichmann am Georgsplatz die Entscheidung: Vater Carl Theodor Deichmann, zwanzig Jahre älter (und auch um einiges konservativer) als seine Frau und ohnehin eine zwar geliebte, aber doch ferne Existenz innerhalb der Familie, hat sich in diesem Sommer vor der Weltwirtschaftskrise den Bankgeschäften zu widmen. Mutter Deichmann hingegen packt kurzerhand die beiden Söhne und Tochter Freya, die noch nicht einmal die Reifeprüfung abgelegt hat, ins Auto und fährt zusammen mit den Kindern nach Österreich. Bis man nach langer, aber standesgemäßer Fahrt im amerikanischen Cabriolet von Köln gen Süden schließlich Salzburg und Bad Ischl passiert und mit dem dicken Straßenkreuzer über gewundene Straßen Bad Aussee und den Grundlsee erreicht hat, werden sich die Deichmanns schon mit weiteren Schwärmereien über «Fraudoktor» für das Sommerabenteuer in Stimmung gebracht haben.

Die Deichmann-Brüder wohnen wie üblich im «Seehotel». Tochter Freya und Mutter Ada – groß, schlank, chic gekleidet und Zigaretten an langer Spitze rauchend, ist sie rein äußerlich das genaue Gegenteil der kleinen, wuseligen Eugenie Schwarzwald – finden Unterkunft in einer Dorfpension. Aber das wohlgehütete Töchterlein darf an allen sommerlichen Aktivitäten teilnehmen, selbst an den Nachtgesprächen auf dem großen Balkon vor Frau Schwarzwalds Schlafzimmer. Diese sitzt dabei im Sessel, häkelt Wollmützchen für die «Kinder» und hört zu. Zwei der handgemachten Geschenke hat Hans Deichmann durch alle späteren Gezeiten- und Ortswechsel behalten. Ein schwarzes, das er «stets in der Schultertasche trägt und oft gegen Regen und Kälte benutzt», und ein grünes, «das ihm nur auf dem Lande dient». An den Gesprächen selbst nimmt die Gastgeberin nur teil, wenn sie etwas «nicht billigte oder ergänzen wollte».


## Begegnung mit Helmuth


Wie lange sie schon die Ferien am Grundlsee genoss, das kann Freya später nicht mehr sagen. Die Begegnung in diesem August 1929 aber ist ihr noch im hohen Alter lebendig, mit Herzklopfen, nein, mit Herzstillstand, verzauberter Erstarrung und allem, was einen solchen Augenblick ausmacht. Sie steht zufällig, ohne irgendwelche Pläne und Absichten, auf der Veranda des «Seeblicks». Herauf kommt Helmuth James von Moltke. Und der lässt sich wohl am besten mit einem englischen Begriff umschreiben, der im Deutschen nur sehr unzureichend wiederzugeben ist: «dashing».

Schlank ist er, groß und auffallend, er hat ein Gardemaß von 2,04 Metern, das schwarze Haar trägt er in den Nacken gekämmt, und am Kinn zeichnet sich ein charmantes Grübchen ab, das er von Mutter Dorothy geerbt hat und diese wiederum von ihrem Vater, dem südafrikanischen Richter James Rose Innes. Seine Kleidung ist lässig, aber nicht nachlässig – es würde ihm nicht einfallen, sich wie die anderen jungen Männer in kurzen Hosen zu zeigen, die ihrem Träger die erotische Ausstrahlung eines Pfadfinders verleihen. Schon als Jugendlicher, berichtet Mutter Dorothy ihren Eltern, legt er Wert auf scharfe Bügelfalten, bürstet akribisch seine Anzüge und wienert seine Schuhe.

Den Kopf hält er wie so viele große Menschen leicht nach vorne geneigt; das erweckt den Eindruck des Interesses für andere, während er doch gleichzeitig eine gewisse Reserviertheit ausstrahlt. Eine unnachahmliche Mischung, die Freya binnen weniger Sekunden erfasst haben muss: «Er galt als Abstand haltend, aber wer den Ausdruck seiner lebendigen braunen Augen aufzunehmen verstand, konnte sofort seine Wärme erkennen.» Da steht also ein achtzehn Jahre altes Bubikopfmädchen (eines unter vielen hübschen Bubikopfmädchen dort am Grundlsee), ist völlig versunken in den Ausdruck warmer brauner Augen und weiß nicht, wie ihr geschieht. Und er?

Ist in Begleitung. Nicht in irgendeiner. Helmuth James von Moltke hat den Jungstar Daisy Baronesse von Freyberg mitgebracht. Unter dem Künstlernamen Daisy d'Ora – der dem langen, sehr langen blonden Haar und der Anrüchigkeit der Filmwelt geschuldet ist, in dem ein Mädchen von Stand nichts zu suchen oder zumindest nicht unter eigenem Namen aufzutreten hat – hat Fräulein von Freyberg soeben ihren ersten großen Erfolg gefeiert. Dass es sich auch noch um den recht frivolen Stummfilm «Die Büchse der Pandora» unter der Regie des großen G. W. Pabst handelt (ein Skandal! Die Hauptfigur Lulu bricht nicht nur Männern, sondern auch Frauen das Herz), wird ihre Attraktivität noch um ein Vielfaches gesteigert haben. Die Entdeckung für den Film hat der jungen Baronesse, obgleich sie nur in einer Nebenrolle erscheint, zwar den Rausschmiss aus der Mädchenschule im preußisch konservativen Potsdam eingebracht, dafür aber auch eine Tagesgage, welche die bescheidene Apanage der verwitweten Mutter deutlich übersteigt. Der ganze Berliner Kurfürstendamm ist mit den Filmplakaten tapeziert – und die Männerwelt liegt dem Blondschöpfchen zu Füßen. Einschließlich zweier Moltkes, denn Helmuths jüngerer Bruder Joachim Wolfgang, «Jowo», ebenfalls Gast von «Fraudoktor», ist gleichermaßen verrückt nach Daisy. Dass Freya wiederum gerade verrückt nach Helmuth geworden ist, das diagnostiziert ausgerechnet die Konkurrentin: «Ich wusste überhaupt nicht, was da passierte», erzählt Freya als über Neunzigjährige dem Moltke-Biographen Jochen Köhler. «Ich hatte das noch nie erlebt! Und erst als Daisy mich fragte: ‹Was hast du denn?›, sagte ich, das wüsste ich leider nicht, aber als ich erzählte, was ich so rätselhaft fand, da erfuhr ich – also sie sagte so lachend: ‹Tja, du hast dich in ihn verliebt.›»

In derlei hochnotpeinlichen Situationen gibt es zwei Möglichkeiten: Man könnte die eben erfahrene Verzauberung fest im eigenen Herzen verschließen und, Scham und Schmach vermeidend, möglichst unentdeckt aus der Ferne schwärmen. Man kann aber auch allen nachteiligen Ausgangsbedingungen zum Trotz das Rennen aufnehmen.

Freya wählt Letzteres, und das mit offenem Visier und ohne intrigantes Spiel. Wo immer sie die beiden entdeckt, was immer sie unternehmen oder unternehmen wollen: Sie gesellt sich einfach hinzu. Es ist ihr völlig gleichgültig, ob die zwar liberale, aber doch vornehm auf Benimm bedachte Mutter die Hände über dem Kopf zusammenschlägt und die Tochter eine dumme Gans schilt. Es wäre ihr auch völlig gleichgültig gewesen, wenn sie sich zum Gespött der älteren Brüder gemacht hätte, die ihre rabiaten Erziehungsmethoden erst aufgaben und mit der jüngeren Schwester charmant wurden, als diese der Pubertät entwachsen war.

Eine überflüssige Befürchtung: Hans, dem sie zeit ihres Lebens sehr nahe bleibt, hat sofort verstanden, welch lebensveränderndes Ereignis für seine Schwester eingetreten ist. Freya kann nicht anders, sie muss in seiner Nähe sein – und er lässt es sich offensichtlich gern gefallen. Bei aller Verliebtheit merkt sie schnell, dass Daisy am jungen Moltke nicht übermäßig interessiert ist. Und dann hilft auch noch das Glück: Der Jungstar wird nach ein paar Tagen von seinem Filmverleih nach Babelsberg zurückbeordert. Freya hat Helmuth fortan fünf wunderbare Ferienwochen lang für sich, bis sie ihn nach Bad Aussee bringt und winkend am Bahnsteig stehen bleibt, bis der Zug verschwunden ist. Auch eine wahrhaft bodenständige Person wie Freya ist vor leicht kitschigen Abschiedsszenen nicht gefeit.

1930 Grundlsee
eigentlich zu früh für
die "Erinnerungen.
Eugenie Schwarzwald kann
man natürlich abschneiden

Eugenie «Fraudoktor» Schwarzwald (links), Helmuth James von Moltke und Freya Deichmann im Sommer 1930 am Grundlsee im Salzkammergut. Der handschriftliche Kommentar stammt von Freya und war als Anmerkung für eine Veröffentlichung in ihren «Erinnerungen an Kreisau 1930–1945» gedacht. Das Foto, das aus der Zeit vor ihrem ersten Besuch in Kreisau datiert, wurde dann aber nicht abgedruckt.

Freya auf der Veranda des Berghauses, 1931, vermutlich mit Dorothy von
Moltke und Joachim Wolfgang «Jowo» von Moltke

Nach der Hochzeit in Köln, Georgsplatz 16, am 18. Oktober 1931:
Freya mit ihrem Mann Helmuth James, Dorothy von Moltke und Ada
Deichmann

*Oben:* Mit Schwager Jowo im Garten des Berghauses, um 1935

*Unten:* Helmuth und Freya, im Hintergrund «Granny» Jessie Rose Innes und Helmuths Bruder Wilhelm Viggo «Willo», 1935

Taufe von Sohn Helmuth Caspar, 1937

Freya mit Sohn Konrad auf der
Veranda des Berghauses, vierzehn
Tage nach dem ersten Kreisauer
Treffen zu Pfingsten 1942

Mit Schwager Wend Wendland, um 1942

Der Gutsverwalter von Kreisau, Adolf Zeumer, auf der «Spinne», dem
einrädrigen Pferdewagen, um 1942

Freya (rechts) auf dem Treck in das Riesengebirge, März 1945

## Ehrenrunde

Eins wird sich wohl nie ändern: Verliebtsein ist mit dem nerven-
aufreibenden Zustand des Wartens verbunden. Hat sie sich auf
der Reise zum Grundlsee zusammen mit den Brüdern in die
Vorfreude hineingeschwärmt, so fiebert sie sich auf der Rückfahrt nach Köln in das bekannte Bangen: Wird er sich melden,
und wie lange wird er auf sich warten lassen? Was auch Antwort
auf die bohrende Frage liefert: Erging es ihm ähnlich wie mir,
und wie ernst ist ihm die Sache?

Schon bei Betreten des Elternhauses liegt ein an Freya
Deichmann adressierter Brief auf dem Tischchen in der Ein-
gangshalle. Mit zitternden Händen reißt sie ihn auf, sieht die
in fliegendreckgroßer Schrift daraufgeworfene erste Zeile –
wie ein Mann mit dermaßen großen Händen bloß so winzige
Buchstaben aufs Papier bringt? – und beginnt zu lesen: «Liebe,
allerliebste Freya». Das fängt erleichternd gut an, und lang ver-
weilt der junge Moltke auch nicht bei Präliminarien: «Ich will
damit anfangen, Ihnen zu sagen, dass dieser Sommer ein un-
erhörter Höhepunkt meiner Existenz gewesen ist; (…) so ein
Höhepunkt, bei dem man sich atemlos vor Staunen umdreht,
um festzustellen, was einem bisher alles gefehlt hat – um dann
weiterzusteigen! Denn das ist das Merkwürdige, ich habe gar
nicht das Gefühl, ‹Gott, wie schön ist das›, um dann resigniert
wieder zum Alltag zurückzukehren, von der Höhe herabzustei-
gen; ich habe durchaus das Gefühl, am Anfang einer Entwicklung zu stehen, die mir Höhen erschließen wird, die für mich
noch vor vier Wochen unerreichbar waren; eine Entwicklung,
deren Spitze gar nicht abzusehen ist. (…) Das danke ich Ihnen,
ich danke Ihnen alles, was ich je werde erreichen können, ganz

gleich, wie die Zukunft mit uns verfährt: ohne diesen steilen Anstieg dieses Sommers könnte ich nie das erreichen, was ich jetzt erreichen kann.»

Das ist ein gewaltiges Geständnis an eine junge Frau, die mit sechzehn gelangweilt die Schule abgebrochen, sich ein wenig in allen möglichen praktischen Ausbildungen umgesehen und erst kürzlich beschlossen hat, die doch zweifellos vorhandene schnelle Auffassungsgabe zu nutzen und das Abitur nachzuholen. Und es wird noch intensiver: «Ich bin frisch, wohl, voller Kraft, voll eines Hochgefühls des Lebens, das ist allein Ihr Werk. (…) Das ist so: Ich habe ständig unter meinem überbildeten Intellekt gelitten; ich habe ihn verachtet und ihn überschätzt; verachtet, weil er mir alle Hemmungen, alle Komplikationen verursachte, überschätzt, weil ich ihm erlaubte, solche Hemmungen zu schaffen. Sie haben Herz und Sinne bei mir entwickelt (…), so dass ich eingesehen habe, dass alles, was der Intellekt ist, was er schafft, nur Ornamente sind und nicht Träger des Lebens. Seither brauche ich ihn nicht zu verachten, sondern kann mich der Ornamente freuen, die eine Bereicherung darstellen.»

Alles, die gesamte Grundlage ihrer Beziehung ist in diesem Brief schon angelegt, bis hin zum «und hätt' ich der Liebe nicht» seines Abschiedsbriefes. Den Mann, den sie damals traf, beschreibt Freya später so: «Er war damals ganz lebensunlustig. Er hat viel vorausgesehen und sich Sorgen gemacht über die Zukunft von Deutschland, schon damals. Er hatte das Gefühl: Man zieht sich besser zurück und tut nichts. Dabei habe ich ihn gestört.» Aber wie ist ihr nur diese fundamentale Störung gelungen – während der gemeinsamen schweigenden Anstiege zu den Bergspitzen und auf Almwiesen, beim Blick über die Täler, nur das Krächzen der Dohlen um sich und den Geruch warmer Kiefernnadeln in der Nase? An den durchredeten Abenden, in denen man sich wohl manchmal verstohlen gemustert hat, bis sich ein längerer Blick verfing?

Das weiß sie selbst nicht so genau zu sagen: «Aber ich hab's gemacht. Das liegt in meiner Natur. Dass wir Mann und Frau waren – das spielt eine gewisse Rolle, hat auch damals eine gewisse Rolle gespielt.» Was sie hier zart andeutet, mag erst für später gelten – nach diesem ersten Aufenthalt am Grundlsee unter den Fittichen von «Fraudoktor» und den gestrengen Blicken von Mutter Deichmann siezen sich die beiden noch sittsam (zum näheren «Du» werden sie erst nach einem zweiten Besuch am Grundlsee im darauffolgenden Sommer übergehen). Aber es liegt tatsächlich etwas in ihrer Natur, das er so schnell erkannt hat, genau wie sie den gut verborgenen heiteren Teil seines Wesens.

«Großzügig», «liberal», «warmherzig», «offen», «unabhängig» – so wird Freya von jenen beschrieben, die sie gut kannten (immer wird sie «Freya» genannt, nie «meine Tante», «meine Cousine» oder «meine Schwiegermutter»). Auf größte Zustimmung in der Familie und unter Freunden aber traf die Bezeichnung ihres Vetters Uli Busch, ganz, als habe er damit das Gefäß gefunden, in das alle anderen Eigenschaften hineingehören: «zugewandt» – den Menschen und dem Leben. Sie registriert die Menschen um sich herum nicht nur beiläufig, als wären sie eine Kulisse, in der zuvörderst ihr eigenes Leben stattfindet. Nein, sie betrachtet sie immer aufmerksam; sie interessiert sich, hat für jeden ein verbindliches Wort. Noch beinahe neunundneunzigjährig spielt sie mit einer kleinen Urenkelin, die sich während eines Festtagsbesuchs in Freyas Haus in Norwich, Vermont, frühmorgens an das Bett der Urgroßmutter geschlichen hat, stundenlang und hingebungsvoll Karten. Den jungen, in einem Teil seines Wesens lebensabgewandten Moltke erweckt sie nicht in erster Linie durch Schönheit und weibliches Flirtvermögen. Sie erfasst ihn, wie er ist, sie öffnet diesem Mann die Augen für seine Mitwelt, und ohne explizit zu werden, weiß sie ihm eine Offenheit für das Leben zu schenken, dem verkopften Menschen Herz und Sinne zu entwickeln.

Ganz störungsfrei verläuft dieser Prozess allerdings nicht. Kaum aus Österreich zurückgekehrt, muss Helmuth James zunächst einmal die gerade gewonnene Leichtigkeit wieder ablegen, seinen überbildeten Intellekt und vor allem seine beeindruckende Arbeitsdisziplin bemühen, um nichts weniger als das hochverschuldete Gut zu retten.

Die rechtlichen Grundlagen, die der alte Feldmarschall einst gewählt hatte, erweisen sich als nicht flexibel genug, um auf die Inflation zu reagieren; der Inspektor, der ab 1928 das Gut verwaltet, ist hoffnungslos überfordert und hinterlässt nach seinem plötzlichen Tod nur ein Jahr nach seiner Einstellung ein heilloses Durcheinander; Vater Helmuth, «Muthi», ist der Aufgabe nicht gewachsen, seinen Betrieb durch die schwierigen Zeiten der Weltwirtschaftskrise zu führen, und das Sparen ist seine Sache ohnehin nicht. So überträgt er die schwere Aufgabe kurzerhand seinem zweiundzwanzigjährigen Sohn Helmuth James. Der muss nun die Fäden entwirren, die sich da verheddert haben. Er muss ein großes Familienerbe und nicht zuletzt den Wohnsitz für vier jüngere Geschwister erhalten, dafür sorgen, dass die Bauern und Kleinpächter, die von Gut Kreisau leben, ihre Lebensgrundlage nicht verlieren, und die Gläubiger befriedigen, zu denen zahlreiche von der Wirtschaftskrise ohnehin schwer getroffene Kleinbetriebe gehören.

Helmuth James hat gerade sein Staatsexamen als Jurist abgelegt, von Landwirtschaft hat er noch nicht allzu viel Ahnung und von Betriebsführung schon gar nicht. Es ist, schreibt er Ende Oktober dem Fräulein Deichmann in Köln, «als liege man gefesselt, und andere häuften Federbetten oder so etwas Atem-, doch nicht Besinnungsraubendes auf einem». Monatelang investiert er seinen ganzen Fleiß, seine Energie, seinen Einfallsreichtum in die Verhandlungen und die Neuordnung des Betriebes, bis er Anfang März 1930 einen ersten Lichtstreifen am Horizont vermelden kann: «Ich bin so guter Laune, so beschwingt, dass ich wünschte, Sie wären hier. Ich habe heute Sicherheit erhalten, dass es mir möglich sein wird, das unangenehmste Kapitel hier endgültig zu liquidieren. Ich muss es Ihnen erzählen; verzeihen Sie, wenn ich Sie damit langweile, aber ich muss» – und dann folgt eine genaue Schilderung der rechtlichen und finanziellen Konstrukte, die zur Rettung der Kreisauer Kleinpächter erdacht worden sind. «Sie können gar nicht ermessen, was das für mich bedeutet; was auch hier jetzt geschieht, ob die Sache doch noch schiefgeht, wenigstens verlieren nicht kleine Bauern ihr Geld, die es im Vertrauen auf den Namen und uns gegeben haben.»

Freya kann es sehr wohl ermessen. Sie versteht diesen Mann, dem die Bewältigung einer schweren Aufgabe eine solche Beschwingtheit verleiht; sie wird das in wenigen Jahren unter ganz anderen Umständen wieder verstehen und unterstützen. Andere Mädchen mögen charmanter umworben werden; Freya tut, was sie jahrelang tun wird: Sie hört zu, sie gibt heiter Auskunft über das eigene Leben – das Abitur ist nachgeholt, nur ein halbes Jahr nachdem ihre alte Schulklasse die Reifeprüfung abgelegt hat, und mit einem «Gut» in allen Fächern bestanden. Sie bestärkt ihn in den Entschlüssen, die er fasst, denn sie weiß ja nur zu gut, dass es ihm leichtfällt, Entscheidungen zu treffen, dass er jedoch Zuspruch und eine eher emotionale als intellektuelle Rückversicherung braucht.

Im April 1930 besucht sie zum ersten Mal Gut Kreisau. Mutter Deichmann, immer noch vorsichtig, schickt den Bruder Hans als Aufpasser mit – «da hat sie aber den Bock zum Gärtner gemacht», kommentiert Freya später fröhlich. Es ist nicht nur eine erste Begegnung mit der Familie. Es treffen sich dort die Sprösslinge zweier Eliten, die im rasanten wirtschaftlichen Abstieg befindlich sind.

Zeichnete man auf einer Deutschlandkarte des ausgehenden 19. Jahrhunderts die reichsten Familien ein, so ließen sich auf den ersten Blick zwei Zentren ausmachen: das alte Geld der Gutsbesitzer östlich der Elbe. Und das neue, in den Jahrzehnten der Industrialisierung und der Gründerzeit entstandene Vermögen hauptsächlich an Rhein und Ruhr angesiedelt. Freya ist, als «Patrizierkind», in nicht übertriebenem, aber doch sicherem Wohlstand aufgewachsen. Die Familie besitzt neben dem Bankgebäude und der großen Villa am Georgsplatz ein hübsches Landhaus in der Eifel. Man hat selbstverständlich Personal. Zu einer der vergnüglichsten Beschäftigungen der Brüder – an der Freya teilnehmen darf, sobald Carl und Hans sich sicher sind, dass auch eine kleine Schwester still sein kann – gehört es, hübsch versteckt hinter einem Vorhang, die illustren Gäste (darunter häufig auch Kölns Oberbürgermeister Konrad Adenauer) zu beobachten, wie sie vor der glanzvollen Soirée ihre Toilette in Ordnung bringen: «Die Damen, um ihr Dekolleté besorgt», so schildert es Hans Deichmann, «zupften noch einmal rasch an ihrem Büstenhalter, oder sie rückten ihren Strumpfgürtel zurecht oder strichen sich die Hüften glatt. Die Männer vergewisserten sich gewöhnlich durch Handauflegen der Ordnung ihrer Haare und Schnurrbärte, des Sitzes der schwarzen Fliege ihres Smokings und häufig auch der üblichen linken Unterbringung ihres Hoseninhalts, denn rechts trugen sie ja ihre Geldbörse.»

Jetzt, im Sommer nach der großen Weltwirtschaftskrise, warten auch in Köln lange Schlangen von Arbeitslosen vor den Ämtern, um sich ein paar Pfennige Stempelgeld abzuholen, saufen sich immer mehr verzweifelte Familienväter um den Verstand, liefern sich auch im katholischen Köln Nazis und Kommunisten Saalschlachten. Die glanzvollen Soiréen mit Blumenschmuck, Familiensilber und Wedgwood-Porzellan im Hause Deichmann gehören der Vergangenheit an. Das Landhaus wurde im Jahr zuvor verkauft; die Industrie, in die das Bankhaus Deichmann investiert hat, geht Branche für Branche bankrott. Nach Schlesien ist Freya dann auch nicht mehr im Straßenkreuzer gereist, sondern mit dem Zug; 911 Kilometer sind es von Köln nach Kreisau, so stand es auf ihrer Fahrkarte, und so erinnerte sie sich noch als sehr alte Dame. Im folgenden Jahr muss das 1857 gegründete Bankhaus seine «Zahlungen einstellen».

Und worauf trifft der absteigende Geldadel in Kreisau? Auf den absteigenden Landadel. Vom einstigen Lebensstil ist auch dort nicht viel geblieben. Man hat sich wenig sentimental von einigen Lenbach-Gemälden und selbst von Mummy Moltkes wertvollen Diademen getrennt. Immerhin glaubt die Familie, sich durch Helmuth James' Umsicht vor der Pleite retten zu können, vor der dieser Tage so viele Güter stehen. Die Armut der Moltkes war offensichtlich. «Käse, den man in Schweidnitz kaufen musste und den die Mutter doch so gerne aß, war ein seltener Luxus. Vieles war reparaturbedürftig. Es war alles so, wie es die Deutschen heute nicht ertragen können, nämlich etwas runtergekommen. Aber es war wunderschön», berichtet Freya. Dieses rheinische Stadtkind nimmt Kreisau schon in diesem Augenblick

so sehr in sich auf, dass es noch Jahre später jede Blume zu beschreiben weiß, die dort wächst. «Die Maiglöckchen bedeckten
den Boden im Busch wie ein Teppich. (Busch nennen die Schle-
sier die verstreuten kleinen Waldstücke.) Am Peileufer wuchsen
hellgelbe Rudbeckien. Es gab Linden voller Bienen und so viele
Akazien, dass sie als Unkraut galten. Im Hochsommer war der
Bahndamm blau von mannshohen Lupinen, und an den Rainen
blühten, fast so üppig wie auf Alpenwiesen, Glockenblumen,
Margeriten, Pechnelken, Storchschnabel und viele andere.»

Verlust, nicht nur von materieller Habe, sondern, wesentlich
schmerzlicher, von Ansehen und einem Gefühl der Sicherheit
hat von jeher ganze Schichten in Unruhe versetzt. Im September 1930 verzeichnet die NSDAP ihren größten Wahlsieg: Sie
wird zweitstärkste Partei im Reichstag, in den triumphierend die
Abgeordneten mit der braunen Uniform einziehen. «Die Nazis
machen die extravagantesten und wildesten Versprechungen»,
schreibt Dorothy Moltke an die Eltern in Kapstadt, Reichskanzler Heinrich Brüning leiste «Hervorragendes», um diese
untragbare Situation zu verbessern, auch wenn er mit Notverordnungen regiert, aber «natürlich sind die Nazis und die Kommunisten, die sich in wilden Reden ergehen, in schweren Zeiten
populärer als der Mann, der die Gehälter kürzt».

Beide Familien, die Deichmanns wie die Moltkes, verstehen
es, die materiellen Verluste zu verkraften. Von den Brüdern oder
Ada Deichmann ist keine Klage über das Ende des Bankhauses
überliefert. «Ich war keine gute Partie für meinen Mann», kommentiert Freya später trocken, aus Wohlstand hat sie sich nie viel
gemacht. In Kreisau bei den Moltkes bemerkt sie – selbst wenn
sie, «das Herz ganz voll von Helmuth», vielleicht ein wenig ver-
blendet gewesen ist – etwas viel Wertvolleres. Sie hatten, «was
andere als schweren Schicksalsschlag angesehen hätten, in einen

Gewinn umgewandelt: Sie waren froh, unnötigen Ballast losge-
worden zu sein und hatten alles behalten, was Helmuth an seinem Elternhaus so liebte: die friedliche, zufriedene, glückliche
Teilnahme an allem, was in der Welt vor sich ging.» Freya wird
völlig einbezogen in diese Atmosphäre; für Asta, die ihren ältesten Bruder Helmuth vergöttert und als jüngste Schwester von
vier älteren Brüdern sicher keinen ganz leichten Stand hat, ist sie
Vorbild und Verbündete zugleich. «Freya ist ein liebes Kind und
passt, glaube ich, sehr gut zu uns», schreibt Mummy Moltke den
Großeltern. «Was Helmuths Gefühle ihr gegenüber sind, kann
ich nicht sagen. Jedenfalls sind sie sehr gute Freunde.»

Seine Gefühle für sie sind spätestens seit einem zweiten gemeinsamen Sommer bei «Fraudoktor» 1930 klar. «Ehe ich nach
Grundlsee ging, oder besser, ehe ich mit Dir in Grundlsee lebte,
war ich fest entschlossen, keine Ansprüche an das Leben zu stellen. Hätte mir jemand 100 Mark Taschengeld und freie Station
irgendwo auf dem Lande angeboten, so wäre ich bereit gewesen,
mich zu verpflichten, nie wieder etwas zu tun und mich nie
von diesem Ort fortzubewegen. Ich bin natürlich nicht aus Be-
scheidenheit dazu gekommen, sondern nur, weil ich fand, dass
sich das Ziel nicht lohnt. Ich bin in diesem Axiom durch Dich
wankend gemacht worden, mehr lässt sich vorläufig darüber
noch nicht sagen.» Was da wirklich wankt, ist tatsächlich so einfach nicht zu sagen. In seinen grundsätzlichen Überzeugungen,
in seinem Glauben an die Schönheit des Rechts und in seinem
Sinn für Gerechtigkeit wankt er nie. Wohl aber bei der Frage,
wie man als politisch bewusster Mensch auf den Nationalsozialismus reagieren soll.

Im Auftrag der mit ihm befreundeten amerikanischen Journalistin Dorothy Thompson führt Helmuth James Anfang 1931
eine Diskussion über wirtschaftliche Fragen mit «drei Nazibon-

zen», die ihn völlig ratlos zurücklässt: «Sie haben etwa eine Stunde geredet, aber the boy», wie Helmuths Mutter ihren Ältesten in den Briefen an die Eltern nennt, «konnte sie einfach nicht verstehen. Es sei, als ob man Astronomie mit jemandem bespricht, der meint, dass nicht die Sonne das Zentrum unseres Lebens ist, sondern, sagen wir, der Saturn.» Früh liest Helmuth James Hitlers «Mein Kampf» – was Freya nie tut – und ist überzeugt, so erinnert sie sich: «Der wird alles tun, was er in diesem fürchterlichen Buch schreibt.» Beide sind sich der Mängel der Weimarer Republik bewusst, aber beide halten selbst diese in vielen Bereichen so fehlerhafte Demokratie und vor allem deren liberale Verfassung für das beste politische System der deutschen Geschichte. Immer wieder wird Helmuth James sich in den nächsten Jahren fragen, ob er sich dem Unheil, das sich zusammenbraut, entziehen oder ob er ihm mit aller Kraft entgegensteuern soll. Und immer wird Freya ihn in der Tat unterstützen und ihn vor einem Rückzug, der ihn vermutlich unglücklich machen würde, bewahren. Selbst, wenn es auf eigene Kosten geht.

Und was das Private betrifft – für diesen Menschen, der sich so früh so tief um Deutschland sorgt? Mit einer Heirat hat er es vorerst nicht eilig, und schon gar nicht wolle er für «neues menschliches Leben» auf der Erde verantwortlich sein. Dabei drängt Freya nicht im Geringsten. Sie hat eben erst ihr Studium, ebenfalls der Rechtswissenschaften, begonnen, sie ist erst zwanzig Jahre alt und nach damaligem Recht nicht einmal volljährig, also warum sich so früh binden? Treten aber andere Umstände ein, trifft er erst einen Entschluss – oder in diesem Fall trifft Mummy Moltke einen Entschluss –, dann ist dieser Mann ganz Tat und Dynamik.

Dorothy, einziges Kind der Rose Innes, möchte die Eltern in Südafrika besuchen; die finanzielle Lage erlaubt die weite Reise, auch schießen die großzügigen Eltern immer etwas dazu, wenn es allzu knapp wird auf Kreisau. Helmuth muss sein Rechtsreferendariat in der Nachbarstadt ableisten. Irgendjemand muss jetzt für die jüngeren Geschwister Carl Bernd und Asta sorgen, die noch zur Schule gehen. Da könnte man ja doch jetzt heiraten, möglichst schnell und bitte ganz ohne Brimborium.

Eine junge Frau jener Zeit muss schon über einen ausgeprägten Sinn für Humor und über viel Verständnis verfügen, um die allzu sachlichen Anweisungen des Zukünftigen nicht etwa als Gefühlskälte zu deuten, sondern darin eine – durchaus geteilte – Abneigung gegen Formalitäten, Pomp und Kitsch zu sehen: «Ehe ist so ein großartiges Wort … Wirst Du damit zufrieden sein, dass wir nur zwei Studenten sind, die lieber zusammen als allein leben?», fragt er sie in einem Brief. Sie ist es.

Immerhin wählt er, gewissermaßen als bescheidenes Zeichen einer gewissen Sentimentalität oder wenigstens des Traditionsbewusstseins, als Datum den 18. Oktober, an dem schon seine Eltern und die Großeltern James und Jessie Rose Innes geheiratet haben. Gefeiert wird in kleinstem Kreis in Köln, in letzter Minute hat der Onkel des Bräutigams, Carl Viggo, seinen Neffen wenigstens zu einem kurzen Gottesdienst im Haus überreden können; eine schlichte standesamtliche Trauung wäre diesem lieber gewesen. Danach «köstliches Diner für 14 Leute», «es war alles so natürlich, fröhlich und einfach, Ihr hättet es sehr genossen», schreibt Mummy Moltke nach Südafrika. «Das Deichmannhaus ist schön. Vergleichbar mit den alten Hotels in Paris. Viel Geschmack und Kosten stecken drin, jetzt, nächsten Monat soll es aufgelöst werden. Freya hatte keine Brautjungfern, keine Musik, und wir trugen weder Hüte noch Handschuhe, die Männer dunkle Anzüge, alles so einfach wie möglich, was so richtig war.» Freyas Vater kann nicht teilnehmen, er ist an einer

Lungenentzündung erkrankt. Ein paar Tage später, die beiden sind zu einer kleinen Hochzeitsreise nach Koblenz und weiter zu «Fraudoktor» unterwegs, die in Zürich Vorträge hält, erhalten sie die Nachricht vom Tod des Vaters.

Ein kargerer Heiratsantrag, eine bescheidenere Trauung und eine traurigere Hochzeitsreise sind wohl kaum vorstellbar. Aber vollkommen klaglos übernimmt Freya ihre Aufgabe, sich als Zwanzigjährige um die jüngeren Geschwister ihres Mannes zu kümmern. «Mir scheint, ich musste in diesem ersten Winter vor allem Bridge spielen lernen, denn das war ein Spiel, das im Haus der Familie Moltke sehr beliebt war. (...) Ich spielte erst schlecht und verlor gar nicht gern, aber es trug alles zur Idylle der Abende dieses Winters bei.»

Im Frühjahr 1932 können sie zu Freyas großem Glück in Berlin endlich als jungverheiratetes Paar – und damit einmal ohne den Trubel einer Großfamilie – zusammenleben. Die Wohnung, die sie in einem großen Haus im Tiergarten («einem guten Stadtteil Berlins») finden, berichtet Mutter Moltke getreu nach Kapstadt, habe «zwei Zimmer, ein Badezimmer und eine winzige Küche mit elektrischem Herd und ist schön, hell, modern, aber *sehr* klein». Mit der Wahl ihres Sohnes ist sie äußerst zufrieden: «Mein junges Paar ist lieb und miteinander so glücklich, es ist ein Vergnügen, es zu sehen. Freya ist so natürlich und impulsiv, ganz unverdorben und frisch, Helmuth ist sehr reserviert, aber man kann an hundert kleinen Einzelheiten sehen, wie glücklich er ist. Natürlich besteht wie bei vielen Ehen die Gefahr, dass sie ihm zu ergeben ist. Doch Freya ist ein intelligentes Kind und ist sich, glaube ich, bewusst, dass sie zurückhaltend sein muss.»

So reserviert ist Helmuth nun auch wieder nicht. Wann immer er beruflich außerhalb Kreisaus zu tun hat, schreibt er ihr Briefe, die mit einem ganz verliebten «Werte Gattin, mein kleinstes

Pünktchen» oder meist mit «Mein liebster Pim» beginnen. Und sie, ist sie ihm wirklich so ergeben? Sie bewundert seine Entscheidungsfähigkeit; bei der ersten – und in Deutschland für sehr lange Zeit letzten – freien Wahl seines Staatsoberhauptes von 1932 «wählte ich wahllos mit. Aber das ist typisch, dass ich vollkommen sein Urteil annahm.» Weder Freya noch Helmuth hegten jemals irgendwelche Sympathien für den Kommunismus. Aber Hindenburg ist ihm zu senil, der könne «wohl kaum mehr vernünftige Entscheidungen treffen», und die anderen Kandidaten erscheinen wenig verlockend. «Mein Mann schockierte gerne», begründet sie das später. «Es war eine Schockwahl.»

## «Recht ist, was die Nazis dafür hielten»

Es ist vor allem eine verzweifelte Wahl. Fast alle Parteien, darunter auch die Sozialdemokraten und das katholische Zentrum, stellen sich hinter Paul von Hindenburg, den greisen «Helden von Tannenberg», der während der letzten beiden Jahre des Ersten Weltkriegs faktisch eine Militärdiktatur geführt hat und auch als Präsident einer Republik ein überzeugter Monarchist bleibt. Längst regieren schnell wechselnde Reichskanzler nur noch mit Notverordnungen. Das letzte Parlament, das über eine Mehrheit demokratischer Parteien verfügt, hat Hindenburg mittels seiner weitreichenden Amtsbefugnisse aufgelöst. Die Demokratie, darauf hat man sich nicht nur in den Eliten schnell geeinigt, funktioniert nicht. Aber Hitler, der auf dem Wahlzettel zur Präsidentenwahl 1932 unter der Berufsbezeichnung «Regierungsrat im

braunschweigischen Staatsdienst, München» neben dem Reichspräsidenten und Generalfeldmarschall Paul von Hindenburg und
Ernst Thälmann, «Transportarbeiter, Hamburg», aufgeführt ist,
will man auch nicht. Noch nicht. Ist an dem «böhmischen Ge-
freiten», wie Hindenburg ihn zunächst abfällig nennt, aber tatsächlich noch vorbeizukommen? Kommunisten und Nationalsozialisten sind die größte Kraft im Parlament geworden – und
vor allem auf den Straßen. Fast täglich liefern sich SA und Kommunisten brutale Schlägereien; die Stimmung verschlechtert
sich zusehends. Der Satz «So kann es nicht weitergehen», also
mit der Wirtschaftskrise und der Arbeitslosigkeit, dem Chaos in
den Straßen und dem Geschrei im Parlament, wird Allgemein-
platz – und seltsamerweise glauben viele Deutsche, man müsse
die Aufgabe, für Ruhe zu sorgen, ausgerechnet jenen übertragen,
die mit ihrer Brutalität und ihrer Verachtung für die Demokratie
zu einem großen Teil das Chaos überhaupt schüren.

Wer der SA beitritt, wird nicht mehr als verblendeter, unnützer
Flegel verlacht, sondern genießt echten oder wenigstens ängstlichen Respekt. «Fast jeden Tag», schreibt Dorothy ihren Eltern,
«gibt es einen Aufruhr an der einen oder anderen Universität,
und das sei Folge der Naziepidemie, meinen die Leute, die beste
Antwort auf ein Argument sei, dass man der Gegenpartei den
Schädel einschlägt. (...) Auch Asta hat scheußliche Erlebnisse
an der Schule gehabt, wo fast alle Schulmädchen Nazis sind und
selbstverständlich versuchen, die ganze Schule zu tyrannisieren.
Viele von den älteren Leuten scheuen davor zurück, sich dieser
Sinnlosigkeit entgegenzustellen, da sie denken, sie würden ihre
Stellung verlieren, wenn die Nazis an die Macht kämen. Heut-
zutage kann sich keiner leisten, seine Arbeit zu verlieren.»

Dass der junge Moltke und seine Frau nichts von Hindenburg
und schon gar nichts von Hitler halten, weiß man im Dorf. Na-

türlich versucht Moltke, auch seinen neuen Gutsverwalter Adolf
Zeumer davon zu überzeugen, dass man Hindenburg nicht wählen könne. Doch Zeumer, der Moltke und dessen Frau immer
schätzen, der sie durch alle Jahre hindurch unterstützen wird, der
früh und aus Überzeugung in die NSDAP eintreten wird, weiß
sehr gut, dass die Stimmung schon längst in eine ganz andere
Richtung weist: Wählen Sie in Berlin, rät er den beiden. Gäbe
es in Kreisau und Umgebung nur zwei Stimmen für Thälmann,
so wüsste jeder, dass sie nur von Helmuth und Freya von Moltke
stammen könnten.

Hindenburg gewinnt die Wahl, aber nichts ist damit gerettet.
Er lässt sich überreden, Hitler zum Reichskanzler zu ernennen.
Er wird, tatsächlich schon senil, nach dem Brand des Reichstags
in der Nacht vom 27. auf den 28. Februar 1933 die «Verordnung
des Reichspräsidenten zum Schutz von Volk und Staat» erlassen.
Sie setzt die in der Weimarer Verfassung garantierten Grund-
rechte außer Kraft, Hunderttausende Sozialdemokraten und
Kommunisten werden verhaftet und ohne Verfahren für Wochen,
Monate oder Jahre in Gefängnissen und später in Konzentrationslagern verschwinden. Hindenburg wird auch das von allen
Parteien – mit der rühmlichen Ausnahme der verbliebenen Sozialdemokraten – abgesegnete «Ermächtigungsgesetz» unterzeich-
nen, mit dem sich das Parlament ebenso selbst abschafft, wie der
Reichspräsident sich eigenhändig seiner weitreichenden Macht-
befugnisse entledigt. Nur zwei Monate nach seiner Ernennung
zum Reichskanzler – und damit in einem Tempo, das ihn selbst erstaunt – verfügen Hitler, seine Partei und seine Schlägertruppen
über die gesamte Macht im Staat. Im April folgt das «Gesetz zur
Wiederherstellung des Berufsbeamtentums», mit dem faktisch
Juden aus den staatlichen Behörden hinausgedrängt werden.

Den meisten fällt einiges zu Hitler und dem Ende der Demokratie ein. «Wo gehobelt wird, da fallen Späne», ist ein oft gehörter Kommentar zu jener Zeit. Nach dem Boykott jüdischer Geschäfte am 1. April bemerkt man auch unter Eliten gerne, dass man ja dem wirklich allzu frechen Einfluss der Juden, besonders der Einwanderer aus den Ostgebieten, endlich habe einen Riegel vorschieben müssen. Die Stimmung kippt augenblicklich. Jüdische Ärzte, jüdische Juristen, jüdische Professoren, deren Renommee über jeden Zweifel erhaben ist, werden von ihren Kollegen isoliert. Selten erhebt sich ein Wort des Protestes, wenn verdiente Mitarbeiter wegen ihrer «jüdischen Herkunft» entlassen werden. Und für diesen erschreckend einmütig vollzogenen Stimmungswechsel sind nicht einmal Gesetze notwendig. Antisemiten greifen immer wieder «Fraudoktors» Mädchenschulen in Österreich an – und sie werden, schon fünf Jahre vor dem «Anschluss», zum Auffangbecken für die jüdischen Schülerinnen, die mit bösartigem Ehrgeiz aus den anderen Schulen vertrieben werden. An leichte Sommermonate der freien Diskussion im «Seeblick» am Grundlsee ist in den kühnsten Träumen nicht mehr zu denken.

Die anfängliche Radikalität des Regimes, glauben viele – oder reden es sich doch mit großer Überzeugungskraft selbst ein –, werde sich schon abschleifen: Irgendwann würden Hitler und seine Rabauken zur Vernunft kommen, weshalb man die Nazis an der Macht lassen müsse, damit sie das Land zunächst abwirtschaften und dann ersetzt werden können.

So denkt auch der mit Moltke befreundete SPD-Landrat Karl Ohle aus dem schlesischen Waldenburg, der am Abend des 30. Januar 1933 in der kleinen Wohnung des Ehepaares Moltke zu Gast gewesen ist. Derlei Illusionen geben sich jedoch weder Moltke noch seine Frau hin. Helmuth James «widersprach ihm verzweifelt und mit Leidenschaft: Es sei der Beginn einer Katastrophe erster Ordnung». Für Freya ist klar: «Recht ist, was die

Nazis dafür hielten.» Dass man gegen eine solche Einstellung ist, dass man die Brutalität des Nationalsozialismus ablehnt, dass Demokratie und Pluralismus immer noch und ganz zweifellos die beste Methode sind, menschliches Zusammenleben zu organisieren, versteht sich für beide von selbst.

## «Einer von uns muss die Chance haben, im Ausland zu überleben»

Sich in diesem Grundverständnis nicht beirren zu lassen, ist mehr, als den meisten Deutschen nach Hitlers «Machtergreifung» möglich ist. Aber es ist noch längst nicht mit Widerstand gleichzusetzen. Es ist, wird Freya später in ihrem gemeinsam mit den englischen Freunden Julian Frisby und Michael Balfour verfassten Buch schreiben, ohnehin nicht klar, wie sich jene Gegner des Nationalsozialismus verhalten sollen, die nicht zu den unmittelbar Verfolgten gehören – «die also weder Juden noch Sozialisten waren und eine von der Regierung unabhängige Einkommensquelle haben» und deshalb wenigstens noch über einen geringen Spielraum verfügen.

Die letzte freie Wahl in Deutschland war eine Wahl für das vermeintlich kleinere Übel. Jetzt aber geht es nicht mehr um ein Kreuzchen auf dem Stimmzettel, jetzt stehen Lebensentscheidungen an, die ebenfalls nur die Wahl zwischen unbequemen und schwierigen Alternativen lassen.

Eine Option kommt für das Paar nicht in Frage: sich anzupassen oder gar begeistern zu lassen für die «Bewegung» und damit das eigene Gewissen zu kompromittieren. Ganz so selbstverständlich, so fest verankert in der Familienethik ist das nicht. Helmuths jüngster Bruder Carl Bernd, der sich schon als Jugendlicher für Waffen und für die Jagd interessiert (und sich deshalb zum vierzehnten Geburtstag dringend ein Gewehr gewünscht hat), lässt sich begeistern für das Revolutionäre der braunen Bewegung. «Er ist ein feurigerer Nazi denn je», weiß Dorothy noch vor der «Machtergreifung» Hitlers an die Eltern zu berichten.

Geläutert wird der damals Neunzehnjährige nicht etwa durch lange Diskussionen mit dem großen Bruder. Der sorgt einfach dafür, dass der Junge nach Abschluss der Schule und noch während der kaufmännischen Lehre einige Zeit in Frankreich und Südafrika verbringt und von dort, so Freya, «mehr als kuriert wiederkommt». (Carl Bernd wird 1941 als Pilot der Wehrmacht über Nordafrika von den Briten abgeschossen; er gilt mehrere Tage als vermisst und wird dann für tot erklärt. Nach 1989 lässt Freya einen Gedenkstein mit seinem und Helmuth James' Namen auf dem Kapellenberg, der Begräbnisstätte der Familie in Kreisau, errichten.)

Wenn also jegliche Form des Opportunismus ausscheidet, soll man dann auswandern? Soll man sich von Familie, Verwandten, Freunden trennen? Die gewohnte Sprachumgebung verlassen, als Fremder irgendwo anders versuchen, ein Auskommen zu finden? Wilhelm, «Willo», der drittälteste Moltke-Sohn, der sein Studium der Architektur Anfang der dreißiger Jahre abgeschlossen hat, wird – von der Familie bestärkt – diese Möglichkeit wählen. «Einer von uns», so Helmuth dazu, «muss die Chance haben, im Ausland zu überleben.» Über England und Schweden schafft er es mit einem Visum, das eigentlich für Guatemala ausgestellt ist, noch vor Ausbruch des Krieges in die USA. Die Aufenthaltserlaubnis erzwingt er sich geradezu, weil er die Frechheit (oder die Verzweiflung) besitzt, direkt bei den Washingtoner Behörden vorzusprechen. Er wird bei Marcel Breuer am Massachusetts Institute of Technology arbeiten, 1945 als GI und amerikanischer Staatsbürger nach Deutschland kommen und später an der Harvard University ein Leben als angesehener Architekturprofessor führen.

Auch Helmuth und Freya steht die Möglichkeit der Auswanderung offen. Immerhin, sie haben enge Verbindungen ins Ausland. Im Februar 1934, der erste Aufruhr nach der «Machtergreifung» scheint sich ein wenig gelegt zu haben, reisen die beiden auf einem Schiff mit dem schon verheißungsvoll exotisch klingenden Namen «Watussi» nach Südafrika. «The boy» wird mit dieser Reise für das bestandene Assessor-Examen belohnt. Für ein halbes Jahr können die beiden vergessen – oder einfach verdrängen –, dass es im Dritten Reich gar keinen Platz mehr gibt für das Recht und dass es, wie der Jurist klar konstatiert, Jahrzehnte dauern würde, bis man die alten Rechtsfindungsmethoden, wie er und auch Freya sie noch erlernt haben, «unter dem Schutt hervorholen» kann. Großvater Rose Innes, Chief Justice of South Africa, verfügt über beste Kontakte. Man lebt, ganz und gar nicht protzig, aber in sichtbarer finanzieller Sicherheit, auf dem Anwesen Kolara in Kapstadt. Man hat selbstverständlich Dienstboten; eine deutsche «Maid» und eine schwarze Köchin. Man trinkt guten Wein auf der Terrasse, das Haus liegt inmitten eines schön gepflegten Parks. Morgens gibt es Porridge, eine Gewohnheit, die Freya übernimmt und bis ins hohe Alter beibehält, auch in Vermont wird sie sich jeden Morgen ihren Haferbrei zubereiten, abends wird nie zweimal hintereinander das gleiche Gericht gekocht, «mit Ausnahme der ganz großen Hammelkeulen». Freya ist absolut angetan von der Schönheit der Natur, sie schreibt schwärmerische Briefe an ihren Schwager Willo, sie genießt die Fahrten durch das Land, die die beiden unternehmen. Ganz sicher werden die beiden den interessantesten Leuten vorgestellt. «Granny» hat sie sofort ins Herz geschlossen, und auch «Daddy», der zuweilen kratzbürstige und sicherlich auch respekteinflößende Richter – er macht Freya sogar charmant den Hof.

Wäre Südafrika eine Alternative? Ließe sich hier, in einem Land an der Südspitze des afrikanischen Kontinents, ein neues Leben aufbauen? Beide Großeltern Rose Innes sind hochkultivierte Menschen. Granny Jessie gehört zu den Vorkämpferinnen der Frauenbewegung, sie spricht neben Englisch auch Holländisch und Afrikaans, Deutsch und Italienisch und hat ein reges Interesse an Botanik. Aber möchte man so weit von Europa entfernt leben, so weit weg von dem, was für die beiden immer noch europäische Kultur ist, selbst wenn Deutschland sich soeben anschickt zu beweisen, dass Kultur nun wirklich nicht vor äußerster Brutalität schützt?

Nein, eine Auswanderung nach Südafrika kommt für sie nicht in Frage – auch nicht nach einer zweiten Reise, die das Paar Anfang 1937 unternimmt. Da ist Freya schwanger mit Helmuth Caspar, dem ersten «Söhnchen», da hat sie dem Mann, der wieder seine «Lebensabgewandtheit» zeigt, ein Kind «abgetrotzt», wie sie es später formulieren wird. (Seine Reserviertheit gegenüber neuem Leben in einer schrecklichen Welt schmilzt bei der ersten Begegnung dahin. Caspar, so wird ihm erzählt, habe den skeptischen Vater auf den ersten, noch verschwommenen Neugeborenenblick angelächelt, welcher Mensch mit Herz könnte da widerstehen?) Wie aber stünde es mit einer Auswanderung in ein anderes europäisches Land? Nach der Rückkehr von der ersten Südafrika-Reise besucht Helmuth James Genf, um sich beim Völkerbund umzusehen. Was er sieht, findet er niederschmetternd. Menschen von Format fehlten da völlig, schreibt er seiner Frau im März 1935: «Hier scheint man auch ganz kühl mit einem großen europäischen Krieg in absehbarer Zeit zu rechnen.» Die Bedeutung des Völkerbundes als «einer auf Rechtsgrundlagen basierenden und nach Rechtsgrundsätzen handelnden Organisation ist seiner Natur nach gering», berichtet er. Vielleicht könne man etwas werden, wenn «man es riskierte, an seine Spitze einen Mann zu stellen – oder eine Frau, entschuldige –, der oder die das Format hat und entschlossen ist, den Völkerbund coûte que coûte aus seinen technischen Hemmungen herauszuholen und ihn zu einer unabhängigen Macht zu gestalten, wie das die katholische Kirche ist.» Daran ist aber im Traum nicht zu denken; der Völkerbund als Arbeitgeber, als Forum, das Moltke auch Gestaltungsmöglichkeiten bietet, scheidet völlig aus.

Bleibt eine dritte Möglichkeit, die er in Betracht zieht und bei der Großvater Rose Innes mit seinen Kontakten behilflich sein kann, nämlich in Großbritannien, das er nach der Südafrika-Reise zum ersten Mal besucht, eine Zweitausbildung als Barrister (als Anwalt, der Fälle vor der «bar», nämlich dem Gericht, vertreten darf) zu machen. Vielleicht ist es ja möglich, den Sprung zu schaffen, eine Lebensgrundlage zu finden – was er, nicht ganz unberechtigt, immer wieder bezweifelt –, dem geliebten Beruf jenseits des Ärmelkanals nachzugehen, also in einer freien, das Recht schätzenden Umgebung. Dafür muss er nicht nur juristische Examen absolvieren, sondern Mitglied einer Gilde werden und in jedem Semester sechsmal mit den Gildemitgliedern zu Abend essen – was Moltke die Möglichkeit gibt, wenigstens dreimal im Jahr nach England zu reisen, aber gleichzeitig seinem Beruf als Anwalt in einem Berliner Büro nachzugehen.

Wichtig aber ist: Über die Gilde knüpft er wichtige Kontakte, und er kann politisch arbeiten. «Bis auf Churchill» und wenige

Freunde (darunter Julian Frisby, der als Boarding Guest und Deutsch-Schüler seiner Mutter nach Kreisau kam, und Michael Balfour, die gemeinsam mit Freya später eine erste Moltke-Biographie veröffentlichen werden) ist man in England überzeugt: Der Aufstieg Hitlers ist vor allem dem strengen Diktat des Versailler Vertrags geschuldet, der mit einer Politik des Entgegenkommens revidiert werden müsste. Beinahe verzweifelt versucht Moltke, seinen Kontakten in England nahezubringen, dass Hitlers Aufstieg tiefgreifendere, auch gesellschaftliche und spezifisch deutsche Gründe habe und dass ein Entgegenkommen die aggressive Politik Hitlers nur ermutigen würde. Gehör kann er sich mit dieser Ansicht in England aber kaum verschaffen.

## Leben in Hitler-Deutschland

Die Englandreisen bieten ihm immer wieder Erholungspausen von den Bedrückungen des Dritten Reiches, aber es sind eben nur Pausen. Die schwierigste Frage bleibt bestehen: Wie soll man sich im täglichen Leben in Deutschland verhalten? Sind denn neben den großen Lebensentscheidungen nicht beständig kleinere, aber doch dem Gewissen jeweils ab- oder zuträgliche Entscheidungen zu treffen? Und wie groß sind überhaupt die Spielräume des eigenen Handelns?

Im Juni 1934, Helmuth und Freya von Moltke sind noch in Südafrika, lässt Hitler unter dem Vorwand, dieser habe einen Putsch geplant, den Stabschef der SA, Ernst Röhm, umbringen. Etwa zweihundert Menschen werden in dieser «Nacht der langen

Messer» ermordet, darunter auch der ehemalige Reichskanzler Kurt von Schleicher. Manchen der anfänglich Begeisterten in den deutschen Eliten, darunter hohe Offiziere der Reichswehr, wird plötzlich bewusst: Dieser Mann, der soeben einen seiner ehemals engsten Verbündeten, aber inzwischen gefürchteten oder doch wenigstens lästigen Konkurrenten eiskalt aus dem Weg räumen ließ, wird vor nichts zurückschrecken. Einige werden sich zurückziehen, andere mühsame Planungen für einen Umsturz beginnen, der erst zehn Jahre später im Attentat vom 20. Juli gipfelt.

Weder Freya noch Helmuth brauchen eine weitere Bestätigung für die abgrundtiefe Brutalität Hitlers. Aber nach ihrer Rückkehr aus Südafrika ist den beiden klar: Eine ironische Distanz zum Nationalsozialismus als Möglichkeit eines vornehmen Rückzugs ist nicht mehr angebracht. Auch kann es keinerlei Hoffnung mehr geben, dass dieses Regime schnell zusammenbrechen wird. Vielmehr etabliert es sich mit allen Mitteln des Terrors: Wer nur annähernd als Gegner gelten könnte, ist ausgewandert, sitzt in «Schutzhaft» oder wird streng überwacht. Und es wird gestützt von schlichtem Überlebenswillen, Opportunismus, Kriecherei und Denunziantentum. Dennoch, so glauben Helmuth und Freya, gibt es Handlungsmöglichkeiten, einen gewissen Raum, sich und seinen Überzeugungen treu zu bleiben, «Kompromisse zu vermeiden, mit Freunden, die diskret und vertrauenswürdig waren, Kontakt zu halten, bei Gelegenheit die Ziele der Regierung vorsichtig zu durchkreuzen, Menschen in Not zu helfen und die Entwicklung abwartend zu verfolgen. Selbst ein so kluger Beobachter wie Hermann Schwarzwald», sagt Freya, «war der Meinung, ‹gute Leute› sollten so handeln.»

In einem System aber, das die Lüge zur Wahrheit erhoben hat, in einer totalitären Gesellschaft, in der die Lüge zuweilen auch als Überlebensmittel notwendig ist, bleibt die schwierigste Aufgabe, sich selbst gewissenhaft Rechenschaft abzulegen, wo Zurückhaltung oder gar Anpassung vorübergehend notwendig ist, um sich und andere zu schützen, und wann aus dem Selbstschutz Verrat an den Grundwerten des Anstands und menschlichen Miteinanders wird. Die moralische Not, die viele Menschen umtrieb und der sich noch mehr durch Anpassung entzogen, umschreibt Freya ganz trocken: «Es blieb denn immer noch offen, ob das Erreichbare die Nachteile aufwog. Eine ‹richtige› Lösung gab es in dieser Lage nicht. Jeder Einzelne musste sich seinen Umständen und seiner Persönlichkeit entsprechend entscheiden.»

Helmuth entscheidet sich, in eine Berliner Rechtsanwaltskanzlei einzutreten – die Großstadt bietet ihm mehr Möglichkeiten, «Kontakt zu Freunden zu halten und Menschen in Not zu helfen». Eigentlich ist er auf internationales Recht und Vertragsentwürfe in Familienangelegenheiten und den internationalen Geschäftsverkehr spezialisiert. Jetzt nimmt er mit Bedacht «Fälle», nein, Lebensschicksale zur Betreuung an, die in seinem Studium ganz und gar nicht vorgesehen waren. Immer schikanöser werden die Maßnahmen der Nazis, immer ausgeklügelter die Versuche, ausreisewilligen Juden auch noch die materielle Habe zu nehmen: durch Devisenbestimmungen, absurde Abgabeverordnungen oder sogenannte «Arisierungen», in denen jüdische Deutsche dazu gezwungen werden, ihren Besitz für einen Spottpreis an «Arier» zu verkaufen. Moltke hilft in zahlreichen solcher Fälle, aber die Arbeit bedrückt ihn zusehends. Mit «Recht» hat das alles nichts mehr zu tun, nur noch mit einer Linderung der Not. Trotzdem ermutigt er Freya, das Studium zu beenden und auch ihre Dissertation abzuschließen: «Dass Deine Arbeit vorangeht, ist nötig. Die Hauptsache ist, dass Du nicht abschweifst, das mag interessant sein, fördert aber die Sache nicht zeitlich.

Natürlich gibt es Doktorarbeiten, an die man sich mit Recht Jahre macht, aber das ist es für Dich nicht wert», schreibt er ihr im November 1934.

Weder für Helmuth noch für Freya wäre es in Frage gekommen, im Dritten Reich das Amt eines Richters oder Staatsanwalts auszuüben oder sich überhaupt in irgendeiner Funktion in den Dienst dieses Staates zu stellen. Aber sie wird – deshalb lohnt der zeitliche Aufwand für die Dissertation nicht – ihrem Beruf als Anwältin auch nicht nachgehen dürfen. Ein neues Gesetz gegen «Doppelverdiener» verbietet ab 1935 Frauen, deren Ehemänner über ein Einkommen verfügen, einer bezahlten Tätigkeit nachzugehen.

Natürlich könnte sie sich die Mühsal einer Dissertation sparen – sie wird ihren akademischen Grad des «Dr. jur.» später kaum je erwähnen, noch wäre es ihr wohl eingefallen, sich mit dem Titel anreden zu lassen. Aber aufgeben kommt nicht in Frage. Es geht ja eben um das Bestehen vor sich selbst, um das Nicht-nachgeben-Wollen. Und in ihrem Fall wohl auch um eine ganz klare Form von Anstand: Freya von Moltke studiert, genau wie wenige Jahre vor ihr Marion Yorck von Wartenburg, bei Martin Wolff, einem der renommiertesten Rechtslehrer Deutschlands der zwanziger Jahre. Er war, wie ein Fachkollege schwärmt, der berühmteste und in der Vorlesung Wirksamste von allen, die Juristisches am Katheder vortrugen. Unter den Studenten der Berliner Friedrich-Wilhelms-Universität (die erst nach 1945 in Humboldt-Universität umbenannt wird) ist er legendär – bis auch solche Studenten direkt gegenüber dem großen Eisentor der Universität Bücherverbrennungen veranstalten und bis randalierende Studenten den eben noch hochverehrten Professor immer wieder mit Randale im Hörsaal und «Judas-verrecke»-Rufen an der Vorlesung hindern.

Niemals erwähnt Freya, dass sie als eine aus der winzigen Schar von Frauen an der Universität, zumal der juristischen Fakultät, eine absolute Ausnahmeerscheinung gewesen war. Oder gar, dass man zweifellos über Rückgrat verfügen muss, um sich dem studentischen Pöbel zum Trotz ganz selbstverständlich zu diesem großen Rechtslehrer zu bekennen. 1936, nicht lange bevor Martin Wolff entlassen wird, reicht sie ihre Arbeit zum Thema «Beglaubigung und öffentlicher Glaube. Zur Auslegung des § 1155 BGB» ein. Ihr Mann, der selbst bei Wolff Vorlesungen besucht hat, wird ihm wenig später bei der Regelung seiner Emigration nach England helfen.

*«Ich bitte dich, mich durch Kritik*
*oder besseres Beispiel zu unterstützen»*

«Es blieb denn immer offen, ob das Erreichbare die Nachteile aufwog» – Helmuth James ist sich dessen offenbar gar nicht sicher. Er weiß um die Unterstützung seiner Frau, selbst in kleinsten, wenn auch nur scheinbar unwichtigen Angelegenheiten. Sich die von beiden geliebte deutsche Sprache nicht verderben zu lassen, gehört unbedingt zu den penibel beachteten Grundregeln im Hause. Seine und selbst Freyas sehr viel spätere Briefe bezeugen eine Sprachkultur, die vollkommen unberührt bleibt von den Zerstörungen der Nazis. «Ich habe mich mit den von dir häufig gerügten Mängeln beschäftigt», schreibt er ihr treuherzig und im Ton so hochgestochen, dass es fast an Ironie grenzt, «dass ich in Erzählungen zu Übertreibungen neige, und habe mir ernstlich vorgenommen, mich zu bessern. Ich bitte Dich, mich hier zu unterstützen, durch Kritik, oder jedenfalls besseres Beispiel. In einer Zeit, in der die Kunst, hohe Worte mit niedriger Gesinnung zu verbinden, zu großer Blüte gekommen ist, müssen wir, deren Hauptansinnen auf Wahrheit und gute Gesinnung gerichtet ist, diese in einfache Worte kleiden, um zu vermeiden, dass von hohen Worten auf niedrige Gesinnung geschlossen wird. Ich werde Dir daher, mit Ausnahme meiner dunklen, von Eitelkeit getriebenen Zeiten, stets dankbar sein, wenn Du mich auf alle Übertreibungen nicht nur in der Sache, sondern auch in der Form beständig aufmerksam machst. Meine Überzeugung, dass zur Vertretung des rechten Standpunkts auch manchmal Übertreibung notwendig wäre, gebe ich hiermit in aller Form auf, weniger weil ich ihn für unbedingt falsch, sondern weil ich ihn für mich gegenwärtig und für die nächste Zukunft für unrichtig halte.»

Im Juni 1935 trifft die Familie wohl der härteste Schlag. Nur einundfünfzigjährig und völlig überraschend stirbt Mummy Moltke vermutlich an einem nicht diagnostizierten Hirntumor. Die Familie alleinzulassen und zu emigrieren – daran ist jetzt noch weniger zu denken. Helmuths Vater «Muthi» ist zu sehr mit den Aktivitäten in der «Christian Science», einer amerikanischen religiösen Gruppierung, beschäftigt, er lebt in der Berliner Wohnung des Ehepaares; um Kreisau kann und will er sich wohl auch nicht kümmern.

Helmuth James ist jetzt faktisch das Familienoberhaupt, er muss Vorbild sein für die Geschwister und die Familie, die mit Dorothy ihren Mittelpunkt verloren hat. Freya übernimmt nun, nach Abschluss ihres Studiums, klaglos diese Aufgabe, die ihr zunächst «schon eine Last, danach aber eine Freude ist». Kreisau, das heißt auch Verantwortung für den Betrieb, das heißt, nach den kurzen Jahren des Zusammenlebens mit ihrem Mann wieder wochenlang voneinander getrennt zu sein. Das heißt aber auch, sich in eine Abgeschiedenheit zurückziehen zu können, die ihrem Mann für die Zeit seiner Aufenthalte eine Oase bietet.

Natürlich begeistern sich auch die Hofleute, die Bauern in der Umgebung und die Schweidnitzer für «ihren geliebten Führer». Die Leute, konstatierte Freya später, wollten die «ganz vernünftigen Sachen», das Ende der Arbeitslosigkeit, den Aufschwung, sehen, aber nicht die «grässlichen Theorien und die schrecklichen Folgen für die Menschheit», die alle «schlecht, böse und falsch» waren. Man versteht die Familie Moltke nicht, die sich ganz offensichtlich nicht vom allgemeinen Hochgefühl anstecken lässt. Höchst befremdlich ist das, aber man respektiert die Familie, weil sie sich nie, wie Freya sagt, «herrschaftlich aufgeführt hat».

Das unangenehme «Heil Hitler» vermeidet sie, indem sie grundsätzlich zuerst grüßt. Dass ihre Köchin sich weigert, der NS-Frauenschaft beizutreten, weil «Herr Moltke sagt, Hitler bedeutet Krieg», freut sie. Dass ihr treuer Verwalter Zeumer als überzeugtes Parteimitglied und Amtsvorsteher eine wichtige politische Rolle im Ort spielt, schützt sie vor Zumutungen. Nur weil er die Hakenkreuzfahne vor seinem Haus im Kreisauer Hofgeviert hisst, kann sie es sich leisten, selbst auf das verhasste Symbol zu verzichten. Natürlich bedeutet man Moltke, dass das Gut sich noch etwas zügiger entschulden ließe, wenn er nur ein wenig mehr politisches Entgegenkommen zeige. Zu gern würden die braunen Herren den Nachkommen des Feldmarschalls in den eigenen Reihen sehen.

Aber dennoch bleibt die Familie unbehelligt. Die Besuche im Berghaus, die endlosen Wanderungen über die Felder, die das

Paar während seiner Besuche unternimmt, das nie hinterfragte Einverständnis zwischen ihnen, die Selbstverständlichkeit, mit der sie wussten, dass sich ein Gegner dieses Regimes immer in Gefahr befand, dass «wir aber fest an die Notwendigkeit dessen, was wir unternahmen, geglaubt haben», das nimmt ihnen die alltägliche, lähmende Angst. Und es gibt Moltke wohl die Kraft, zu helfen und etwas zu tun, worauf viele sich nicht einlassen: genau wissen wollen, was geschieht, im Bewusstsein, dass man – allein, weil man Mensch und Zeitgenosse ist – auch Verantwortung für das trägt, was in der unmittelbaren Umgebung passiert. Immer häufiger aber schleicht sich ein Ton der Niedergeschlagenheit in seine Briefe.

Seine Arbeit, die Niedertracht, mit der er tagtäglich zu tun hat, deprimieren ihn. Freunde zu finden ist nicht so leicht, wenn alle – und nicht nur in Deutschland – in einen Taumel geraten. Die ganze Welt strömt zu den Olympischen Spielen nach Berlin. Dafür hat man die schlimmsten antisemitischen Plakate schnell beiseiteräumen lassen, gibt sich weltoffen. «Masse Mensch in Vollendung», schildert Moltke seiner Frau die Stimmung: «Und was das Schlimmste ist, dass so viele Leute, von denen ich etwas halte, dabei mitmachen und nicht merken, wie widerlich und degradierend das alles ist.»

Die europäischen Nachbarn? Sie kommen Hitler in der verzweifelt falschen Annahme, man könnte so den Frieden erhalten, weiter entgegen. Im März 1938 wird Österreich «angeschlossen», Tausende jubeln auf dem Heldenplatz in Wien, Übergriffe auf Juden, wie sie schon vorher stattfanden, werden nun noch rabiater. «Fraudoktor», die ohnehin mittlerweile in größter Isolation gelebt hat, ist glücklicherweise auf Vortragsreise in Dänemark, als Hitler und sein Tross in ihrem geliebten Wien einfallen. Dort bleibt sie, während es Hermann Schwarzwald gelingt, nach Zürich zu fliehen, bevor ein Schlägertrupp der SA bei ihnen auftaucht – so wie bei ihrem Freund Zuckmayer, der sich ebenfalls in letzter Minute mit dem Zug in die Schweiz absetzen kann.

Moltke versucht als Anwalt der Schwarzwalds, wenigstens einen Teil ihrer Habe zu retten. Im August 1938, Helmuth bereitet sich in London auf sein zweites Examen vor, annektiert Hitler mit dem Einverständnis der Briten die deutschen Siedlungsgebiete in der Tschechoslowakei. Premierminister Chamberlain, der diesen weiteren Völkerrechtsbruch im Münchner Abkommen mit abgesegnet hat, verkündet stolz «Frieden in unserer Zeit». Man habe nachgegeben, aber Schlimmeres verhütet. Im November brennen in Deutschland die Synagogen. «Wenn dieser Kontinent für längere Zeit unter die Herrschaft der Nazis geriete», schreibt Moltke, zurück in Deutschland, an seinen englischen Freund Lionel Curtis, «würde unsere in Jahrhunderten aufgebaute und letztlich auf das Christentum und die Klassik gegründete Zivilisation verschwinden, und wir wissen nicht, was stattdessen entstände. Aber was auch entstehen mag, es würde anderes sein als das, wozu wir erzogen worden und wofür wir eingetreten sind.»

Mehr denn je bleibt offen, ob das Erreichbare die Nachteile aufwiegt. Nach der «Reichskristallnacht» hilft Moltke zahlreichen Juden, das Land zu verlassen. Aber soll er nicht doch ebenfalls diese Option wählen? Mittlerweile gibt es nicht mehr nur die erholsamen Wanderungen über die schlesischen Felder, sondern auch die nächtlichen Grübeleien: Er könnte doch versuchen, in England Fuß zu fassen, und Frau und Kind vorerst im Berghaus lassen. Sie könnten ja von dem leben, was sie aus Deutschland ohnehin nicht mitnehmen dürften, während er sich außerhalb von Deutschland zunächst freier bewegen und Kreisau zwischendurch als seinen Ruheplatz – seine «Arche Noah» –

benutzen könnte. Vielleicht aber sollte man doch ein Landleben «in der südlichen Hemisphäre» wählen, Freya müsste sich dann für eine Weile von ihren Pflichten auf dem Hof frei machen und vielleicht Landwirtschaft in Schweidnitz oder Breslau studieren. Schließlich hat sie, «falls er draufgehe», für sich und Caspar zu sorgen. Alles andere sei «zu sehr Mondschein».

England und der schnelle Abschluss seiner juristischen Examen ist am Ende doch das Wichtigste. Vielleicht lässt sich dann auch von England aus arbeiten, überlegt Helmuth James. In Deutschland, schreibt er seinem Freund Curtis im Februar 1939, «kann ich einfach nicht sehen, wo ich etwas Nützliches oder Konstruktives tun könnte. Meiner Meinung nach geht es jetzt nicht um die Frage, wie man sich bis zum Sturz des cäsarischen Regimes durchschlagen soll, sondern darum, wie man das übrige Westeuropa davor schützen kann, diesem Regime zum Opfer zu fallen oder selbst solche Regimes zu entwickeln. (…) Meine Arbeit in Berlin muss zu einem Ende kommen. Sie quält mich, denn bei diesem Beruf unterstützt man zwangsläufig diejenigen, deren Geist das Land beherrscht.» Soll er Kreisau wählen und gemeinsam mit Freya fröhlich verbauern, wie er es einmal ausgedrückt hat? Oder sein Glück als Barrister versuchen, obgleich die «Erfolgschancen 1 zu 99 sind», was immerhin die Möglichkeit böte, «Caspar eine Erziehung zu geben, die er in Deutschland nicht bekommen könnte»?

Kreisau, London, wohin nur? Die Antwort gibt er sich gleichsam selbst: «Ich habe das Gefühl», schreibt er in demselben Brief, «dass es meine Pflicht und Schuldigkeit ist, den Versuch zu unternehmen, auf der richtigen Seite zu sein, was immer es für Unannehmlichkeiten, Schwierigkeiten und Opfer mit sich bringen mag.» Anfang 1939 besteht er sein Schlussexamen. Als Barrister wäre er nun zugelassen. Er sieht sich auch nach einer Wohnung in London um. Am 1. September überfällt Deutschland Polen. In Reaktion darauf erklären Frankreich und Großbritannien am 3. September Deutschland den Krieg. Die Option London existiert nicht mehr.

# DRITTES KAPITEL

# «Wer jeden Tag weiß, was gut und was böse ist, und daran nicht irre wird ...»: Widerstand und der Kreisauer Kreis

«Krieg! Der furchtbare Versklavungs- und Vernichtungskrieg, von den Nazis vom ersten Tag an vorbereitet, ab 1938 immer drohend, zutiefst gehasst, gefürchtet und schließlich von Nazi-Deutschland mit dem Überfall auf Polen vom Zaun gebrochen.» So knapp bringt Freya in ihren Erinnerungen die entscheidende Zäsur des 20. Jahrhunderts auf den Punkt.

Sie ist auf Gut Kreisau, als mit dem von der SS fingierten und polnischen Soldaten in die Schuhe geschobenen Überfall auf den Sender Gleiwitz endlich ein Vorwand für den Krieg geliefert wird und die hochgerüstete deutsche Wehrmacht die polnische Armee in wenigen Tagen regelrecht zermalmt. Wie um ein letztes Mal tief Atem zu holen, bevor der Orkan losbricht, der die vertraute Welt bis zur Unkenntlichkeit verändern wird, hat Helmuth James den August 1939 auf seinem Gut verbracht. Die Reaktion auf den Kriegsausbruch beobachtet er in Berlin. «Dieser Krieg hat etwas gespenstisch Unwirkliches», schreibt er seiner Frau am 5. September: «Die Menschen stützen und tragen ihn nicht. (...) Es ist wie ein *danse macabre*, auf der Bühne von Unbekannten getanzt, und keiner scheint das Gefühl zu haben, dass er der Nächste ist, der von der Maschine zertrümmert werden wird.»

Warum sollten die Menschen in Deutschland ihn auch stützen? Bislang bot die Diktatur reichlich Annehmlichkeiten für all jene, die nicht eingesperrt waren, nicht vertrieben wurden oder flüchten mussten: Arbeit, Aufstiegsmöglichkeiten, die Wiederherstellung des Ansehens Deutschlands nach der schmählichen, aber nie wirklich akzeptierten Niederlage des Ersten Weltkriegs. Nur wenigen dürfte aufgefallen sein, dass das NS-«Wirtschaftswunder» einem ungezügelten Rüstungsprogramm geschuldet war, das entweder im Krieg oder in einem ökonomischen Zusammenbruch enden musste; dass man die Aufstiegsmöglichkeiten der Vertreibung anderer oder einer oft vorauseilenden Loyalität zu diesem Regime zu verdanken hatte. Und dass sich der im Ausland anfänglich durchaus vorhandene Respekt für die «Leistungen» des NS-Regimes mit einer stetig wachsenden Furcht vor den aggressiven Deutschen mischte. Dass eines Tages ein Preis für diese Annehmlichkeiten zu entrichten sein würde, mag manch einer geahnt, aber den düsteren Gedanken schnell verscheucht haben.

Nun ist die erste Anzahlung fällig: Niemand wird in den kommenden Jahren mehr unberührt bleiben von diesem Krieg, die Distanzierung, der Rückzug in die Nische des Privaten, ist nicht mehr möglich. Beinahe täglich, in den unterschiedlichsten und oft schwierigsten Situationen sind Entscheidungen nötig: Ist es möglich, der geistigen wie physischen Zerstörung durch diese Maschine zu entgehen, ja, ist es gar möglich, das Räderwerk dieser Maschinerie hie und da ein wenig zu verlangsamen? Wie kann man sich verwurzeln, um diesem Sturm standzuhalten?

Freyas Aufgabe ist klar: Als blutjunge Frau führt sie fort, was ihre Schwiegermutter Dorothy begonnen hat, nämlich Kreisau mit Wärme und Weltoffenheit ein Herz zu geben, es nicht nur zum physischen, sondern auch zum emotionalen Zentrum für die Familie und all jene zu machen, die als Freunde aufgenommen werden. Ein Refugium vor den Zumutungen der Welt zu schaffen, das seit dem Beginn der Diktatur notwendiger denn je und mit dem Beginn des Krieges buchstäblich existenziell geworden ist. Helmuth wiederum weiß nur zu genau: Einem stattlichen Mann von Anfang dreißig und leidlich robuster Gesundheit steht keine Möglichkeit mehr zur Verfügung, in diesem Refugium friedlich mit Frau und Kind zu verbauern – vor allem, wenn es an Loyalität zum Regime deutlich fehlt.

Ohnehin hat er sich schon längst zum Handeln entschlossen. Schon während des Sommers hat er in Absprache mit seiner Frau ein paar Fäden gezogen und seine Kontakte bemüht. Er will sich einen Entscheidungsspielraum schaffen – unter keinen Umständen möchte er es dem Regime überlassen, wie er zu verwenden wäre. Und keinesfalls möchte er kämpfend an diesem Krieg teilnehmen. Er sucht eine Tätigkeit, die ihm die Möglichkeit des Handelns lässt. Die findet er im Amt Ausland/Abwehr des Admirals Wilhelm Canaris.

Ein lupenreiner Demokrat ist dieser Canaris ganz sicher nicht. Nach dem Ersten Weltkrieg, in dem er als U-Boot-Kommandant gedient hat, kämpft er in einem Freikorps; er unterstützt den faschistischen Generalissimo Franco, und auch für Adolf Hitler hat dieser nur 1,60 Meter große Mann zunächst durchaus Sympathien. Er gilt, so beschreibt ihn Freya, als «scharfsinnig, wendig, zutiefst pessimistisch und vor allem undurchdringlich, wie es der Leiter eines Geheimdienstes sein muss». Republikanische Grundgesinnung also war es gewiss nicht, die ihn in den späten dreißiger Jahren dazu gebracht hat, Umsturzversuche zu stützen und zu schützen. Vielmehr, so Freya, «wusste er zu viel über die Nazis, um tatenlos hinnehmen zu können, was er für krasse Dummheit hielt und als unmenschliche Brutalität erkannte».

Für Moltke bietet eine Arbeit im Auslandsgeheimdienst einen unschlagbaren Vorteil: Einzelaktionen sind jetzt, da der Krieg ausgebrochen ist, so gut wie aussichtslos. Zu wenig können solche Taten bewirken, und zu leicht sind sie angesichts einer so verbreiteten Denunziationsbereitschaft unter den «Volksgenossen» zu entdecken und zu vereiteln. (Dass es dem Tischlergesellen Georg Elser am 8. November 1939 beinahe gelungen wäre, Hitler mit einer Bombe umzubringen, bleibt die krasse Ausnahme.) Wer dieser furchterregenden Maschinerie wirksam etwas entgegensetzen will, der muss sich verschanzen, der muss sich einer Institution anschließen, die Gelegenheiten zur Einflussnahme bietet und einen gewissen Schutz gewähren kann. Die Gefahr ist dann weniger unmittelbar, sie droht nicht mehr so sehr von außen, sondern durch den Verlust des «inneren Schutzes»: Die Grenze zwischen Opposition und Opportunismus ist fließend. Ihre Markierung besteht in einer peniblen Gewissensprüfung, ob das Erreichbare noch die Nachteile aufwiegt; ob die Tat – und die für die Tat notwendige Tarnung – noch im Einklang stehen mit den eigenen Werten und Überzeugungen oder ob etwa die Tarnung diese Werte womöglich schon korrumpiert hat.

Canaris' Abwehr bietet Moltke Schutz, einen gewissen Handlungsspielraum und sogar ein Umfeld, das zwischen notwendiger Tarnung und Lebenslüge wohl zu unterscheiden weiß: Leiter des Personal- und Finanzwesens und damit Chef der wichtigsten Schaltstelle ist Oberst Hans Oster, der die Verbindung aufrechterhält zur einzigen Institution im NS-Regime, der überhaupt die Möglichkeit für ein Attentat und einen Umsturz noch offensteht: der Wehrmacht. Unermüdlich drängt er auf einen Staatsstreich, von keinem misslungenen oder in letzter Minute abgeblasenen Attentatsversuch lässt er sich entmutigen. Als Adjutant hat Oster sich Hans von Dohnanyi geholt, der Juden mit falschen Pässen zur Flucht verhilft, die Abwehr verfügt schließlich über eine hervorragende Fälscherwerkstatt. Als «offizieller Beauftragter» für den Kontakt zu den Alliierten hat

Canaris auch Dohnanyis Schwager Dietrich Bonhoeffer unter seine Fittiche genommen. Zusammen mit Moltke unternimmt Bonhoeffer in den Jahren 1941 und 1942 Reisen in die Schweiz, nach Schweden und Norwegen, um von dort aus die Engländer davon zu unterrichten, dass es einen Widerstand in Deutschland gibt. Keiner von ihnen wird den Krieg überleben. Canaris, Oster, Bonhoeffer – sie alle werden im Zusammenhang mit dem 20. Juli verhaftet, in das KZ Flossenbürg gesperrt und noch Anfang April 1945 auf Betreiben des Oberregierungsrats und SS-Sturmbannführers Walter Huppenkothen zum Tode verurteilt und sofort hingerichtet.

Spionage, Passfälschung, Verbindungen zum Militär nutzen: Das sind Aktionen, die der oft romantisierten Vorstellung von Widerstand am ehesten entsprechen – aber es sind keine Aufgaben für Moltke. Er ist Völkerrechtler. Er will so redlich wie möglich versuchen, auch in diesem Krieg auf die Einhaltung des Kriegsrechts zu pochen, wo immer sich ihm nur die geringste Chance bietet. Dass der bestehende Rechtskorpus löchrig ist, dass die Haager Landkriegsordnung von 1907 nicht den Realitäten des Krieges im 20. Jahrhunderts entspricht und zahlreiche Lücken aufweist, die nur allzu gut von den Nazis genutzt werden können, das weiß er. Vielleicht tut sich hier aber ein Spielraum des Zuwider-Handelns auf: Die führenden Nazis brauchen die Rechtsspezialisten der Abwehr (und auch des Auswärtigen Amtes, die sich in den nächsten Jahren allerdings wesentlich geneigter zeigen werden), die das Recht in ihrem Sinne auslegen. Menschen, die bereit sind, vor allem dem Westen gegenüber eine Fassade zu errichten, die den wahren Charakter dieses Krieges verschleiert.

Noch aber, davon ist Moltke überzeugt, glauben viele Offiziere der Wehrmacht, dass völkerrechtliche Konventionen gelten müssten, noch scheint der Respekt für grundlegende Regeln – den Schutz von Zivilisten, der Behandlung von Kriegsgefangenen, der Schonung von Geiseln – in den Corps der Berufsoffiziere durchaus vorhanden.

## «Dein Ehewirt war tüchtig erschöpft»

Dass die Einhaltung bestehender Regeln Deutschland nur zum Vorteil gerät, dass es strategisch kurzsichtig ist, neutrale Staaten mit eklatanten Brüchen des Völkerrechts ebenfalls in Feindschaft zu Deutschland zu bringen, das ist sein Argument. Seine Waffen sind Gutachten, über denen er tage- und nächtelang brütet, sind seine Überredungskünste, die er bei den Wankelmütigen, Unentschlossenen und vom Nationalsozialismus Überzeugten einsetzt, sind ebenso störrische wie argumentativ immer gut vorbereitete Wortgefechte.

Dabei fällt es auch Moltke schwer, den neuen Charakter dieses Krieges zu erkennen. Es geht Hitler ja nicht mehr um die klassischen Kriegsziele wie geostrategische Vorteile oder die Vergrößerung von Einflusszonen. Wie er es angekündigt hat, seit er die politische Bühne betrat, will er einen «Weltanschauungskrieg gegen die Juden und den Bolschewismus» führen, dessen durch und durch verbrecherisches Wesen sich schon im Überfall auf Polen zu erkennen gibt, aber erst mit dem Überfall auf die Sowjetunion im Juni 1941 ganz zum Vorschein kommen wird.

Zunächst aber kämpft Moltke gegen ganz herkömmliche strategische Dummheiten an, etwa das Ansinnen, einen unbegrenzten Handels- und Wirtschaftskrieg gegen die Briten zu führen; der würde es auch erlauben, feindliche wie neutrale Handelsschiffe anzugreifen und zu versenken. Dass er mit der Verhinderung solcher Maßnahmen in jedem Fall auch Menschenleben retten kann, ist ihm die wahre Aufgabe. «In letzter Zeit habe ich schlecht geschlafen», schreibt er seiner Frau am 11. November 1939. «Die Notwendigkeit, um Menschenleben kämpfen zu müssen, ist zwar erfreulich, aber wahnsinnig aufregend.» Seine Kontakte in der Abwehr nutzend, weiß er frühzeitig auch von Plänen zur Invasion der neutralen Länder Dänemark und Norwegen (die schließlich am 9. April 1940 beginnt) und von Plänen des Chefs des Oberkommandos der Wehrmacht, Wilhelm Keitel, bei einer Westoffensive gegen Frankreich «möglichst viel holländischen Raum zu besetzen» – womit die Neutralität eines weiteren Landes eklatant verletzt würde.

Selbstverständlich versucht er, dem entgegenzuwirken. «Wir haben drei Stunden vorgetragen», heißt es in einem Brief an Freya vom 16. November, «Dein Ehewirt war tüchtig erschöpft, aber er scheint sich durchgesetzt zu haben. Langsam sehe ich mich in der Lage, einige der wüsten Maßnahmen wenigstens zu torpedieren.» Fast schon mutlos berichtet er noch einmal zwei Wochen später: «Ich habe in der Sache gesiegt, aber es war wie ein Sieg über die Hydra. Einen Kopf habe ich dem Ungeheuer abgehauen, und zehn neue sind gewachsen. Jedenfalls habe ich mich nach dem Sieg so elend gefühlt, dass ich nach Hause gegangen bin und Tee getrunken habe.»

Noch findet er immer wieder die Kraft, sich zermürbenden Auseinandersetzungen zu stellen, oft der Einzige zu sein, der nicht wankt, um dann festzustellen, dass dies Erfolge zeitigen kann: «Heute gab es wieder einen großen Sturm, und ich frage mich, ob man sich nicht endlich entschließt, mich hinauszuwerfen. Ich unterlag wieder in dem großen Gremium, in einer Frage, die m. E. einen ganz entscheidenden Einfluss auf die deutsche Stellung in der Nachkriegswelt haben wird.» [Genau ist nicht zu klären, um welche Frage es ging. Vermutlich aber entweder um das Verhältnis von SS und Wehrmacht in Polen oder um die Verhinderung einer von der NS-Führung angeordneten Weisung, polnische Soldaten, die sich nach einer Flucht den polnischen Streitkräften auf französischem Boden angeschlossen hatten, kurzerhand als Partisanen zu erschießen, Anm. S. T.] Den «großen Sturm» löst Moltke aus, indem er darauf besteht, dass seine abweichende Stellungnahme zu Protokoll genommen und zu den Akten gegeben wird – ein Ansinnen, das, so wird ihm gesagt, eines Offiziers nicht würdig sei, denn für den gäbe es das nicht, der hätte einfach zu gehorchen: «Ich sagte, es täte mir leid, hier stünde eine Verantwortung vor der Geschichte auf dem Spiele, und die ginge für mich der Pflicht zu gehorchen vor. Die Sache ging vor Admiral Schuster, und nach 5 Minuten war er meiner Meinung. Er war es offenbar immer gewesen, jedenfalls schwankend, und mein Widerstand hat ihn gestärkt.»

Dass sich jemand findet, der die Verantwortung vor der Geschichte höher eingeschätzt hätte als die Pflicht zu gehorchen, kommt nicht allzu häufig vor. Moltke mag Tag und Nacht durcharbeiten, aber es ist, als stelle sich ein Einzelner nur mit einem Regenschirm einem Tsunami entgegen. Dort, wo die eklatantesten Verstöße nicht einfach nur passieren, sondern von der Naziführung angeordnet sind, bleibt die Abwehr systematisch außen vor. Canaris und seine Leute haben keinerlei Einfluss auf den Polenfeldzug, wo die hinter den Linien agierenden Verbände der SS und des Sicherheitsdienstes auf Weisung Hitlers und Hermann Görings Angehörige der polnischen Oberschicht, katholische Geistliche und Juden zu Tausenden ermorden. Hier und da regt sich Unmut in den Reihen der Offiziere. Aber die Apathie der ersten Kriegstage hat sich gelöst. Deutschland siegt, ist das nicht Grund genug, jeden vorhandenen Zweifel in der allgemeinen Euphorie zu begraben?


## «Verteidige die Methoden, mit denen das Berghaus friedlich gehalten worden ist»


Wie ist es möglich, Zuversicht zu zeigen, wenn der Mut sinkt; auf ein Ende des Krieges zu hoffen, wenn ringsum Euphorie herrscht; sich eine Niederlage herbeizuwünschen, wenn alle siegestrunken sind; sich der Opfer bewusst zu sein, die dieser Krieg noch fordern wird, bevor es mit dem Schrecken des Nationalsozialismus vorbei und endlich an ein lebbares «Danach» zu denken ist? «Ja, mein Lieber, das ist insofern ein trauriges Jubiläum, als dass die Aussicht, das eigene Schicksal aus der allgemeinen Katastrophe herauszuhalten, für die Zukunft recht gering ist», schreibt Helmuth seiner Frau am 18. Oktober 1939, dem achten Hochzeitstag. «Aber es bleibt doch ein Jubiläum. Mein Lieber, ich hoffe, dass Du bei mir zufrieden bleibst, denn sonst steht plötzlich der Ehewirt ganz klein und zittrig da.»

Abhilfe gegen Kleinmut schafft Freya ganz bodenständig mit einem «Paketchen Leckeres» aus Kreisau, das er kurz darauf erhält – und mit Besuchen in Berlin bei ihrem Ehewirt, denen er entgegenfiebert. Aber auch im Refugium Kreisau ist Freya nicht gänzlich vor Verzagtheit geschützt: «Eben kam dein etwas unglückliches Briefchen. Mein Armer, die Zeiten sind schlecht, und es ist keine Hoffnung darauf, dass sie besser werden», schreibt Helmuth seiner Frau Ende Oktober. Einen wirklichen Trost hat er nicht parat. «Mit dem Kopf kann ich keinen Grund finden, warum sich irgendetwas bessern sollte in den vielen Jahren. Und leider kann ich reichlich Gründe finden, warum die Zeiten noch wesentlich schlechter werden.» Danach ein Stoßseufzer: «Es wäre doch gut gewesen, wenn Ihr beide [Freya und Caspar, Anm. S. T.] bei den Großeltern wäret. Das wäre zwar im Augenblick schlimmer, aber die Aussichten wären weniger beängstigend.» Trotzdem: Er könnte es nicht ertragen, wäre seine Kraftquelle in Südafrika allzu fern von ihm.

Dass Hitler Sieg auf Sieg häuft, dass im Mai 1940 Frankreich ohne nennenswerten Widerstand fällt wie eine faule Frucht, dass der Jubel in der Bevölkerung keine Grenzen mehr kennt, als Hitler kaum zwei Monate nach Beginn des Feldzugs an der Spitze seiner Truppen in Paris einmarschiert – das vereinsamt jene, die wie Freya und Helmuth Moltke glauben, dass dieser Krieg dennoch in der Katastrophe enden müsse. Das stellt noch einmal und viel dringlicher die Frage, wo notwendiger Selbstschutz aufhört und wo Mitmachen durch Passivität beginnt.

Man habe ihr in Kreisau vorgeworfen, sie stecke den Kopf in den Sand, weil sie sich weigere, die täglichen Wehrmachtsberichte zu hören, schreibt sie ihrem Mann nach Berlin. Seine Antwort zeigt, wie sehr die beiden «ein Schöpfungsgedanke» sind, wie sehr er im Dialog mit ihr auch immer den Gewissensdialog mit sich selbst führt: Es käme ja nicht darauf an, Einzelheiten zu erfahren und darüber die Aufgabe zu vergessen, diese «Tatsachen zu sublimieren und in ein richtiges Verhältnis zu bringen. Wenn man hinter diesen Einzelheiten herjagt, hat man nicht die Kraft für ihre Überwindung. Dass die Fähigkeit zu einer Überwindung in einer friedlichen Umgebung größer ist als in einer gehetzten, ist sicher, und jeder, der um sich diese friedliche Atmosphäre zu verbreiten imstande ist, ist ein lebendiger Träger und Antreiber in der richtigen Richtung. Frieden ist etwas anderes als Complacency. Wer, um sich den äußeren Frieden zu erhalten, schwarz weiß sein lässt und böse gut, der verdient den Frieden nicht, der steckt den Kopf in den Sand. Wer aber jeden Tag weiß, was gut ist und was böse, und daran nicht irre wird, wie groß auch der Triumph des Bösen zu sein scheint, der hat den ersten Stein zur Überwindung des Bösen gelegt. Darum ist die Atmosphäre des Friedens von ungeheurer Wichtigkeit, und man muss sie nicht gefährden. Mein Lieber, es ist komisch, dass gerade ich Dir das gerade jetzt schreibe, wo ich mit nichts recht zu Rande komme. Aber vielleicht weiß ich es deshalb ganz genau. Du verteidige die Methoden, mit denen das Berghaus friedlich gehalten worden ist, und mache auf diesem Gebiet keine Kompromisse.»

Einen Neuanfang zu denken, sich zu überlegen, auf welchen Grundlagen eine Gesellschaft stehen müsste, wenn dieser Krieg vorbei wäre und man ganz von vorne anfangen könnte, das ist es, was Moltke aus der tiefen Depression reißen wird, in die er mit dem Beginn des Frankreichfeldzuges gefallen ist. Wäre Hitler nach der Eroberung Frankreichs gestorben, hat der Publizist Sebastian Haffner einmal bemerkt, dann gälte er wohl bis heute als großer deutscher Staatsmann, dem Angriffskrieg in Polen und der Tschechoslowakei, den Konzentrationslagern und der Vertreibung der deutschen Juden zum Trotz. Das erst zeigt die ganze Tiefe des Zuwiderhandelns, dessen Beginn Freya geradezu trocken umschreibt: «Wirklichen Impetus bekam der erste Schritt, die Suche nach Menschen, die bereit waren, sich an so etwas zu beteiligen, erst mit dem deutschen Sieg über Frankreich, auf dem Höhepunkt der deutschen Kriegserfolge – nicht etwa erst, als erkennbar wurde, dass Deutschland den Krieg verlieren würde.»

Wer so weit denkt, begeht Hochverrat, das wissen Helmuth und Freya nur zu gut. Stillschweigendes Einverständnis reicht hier nicht mehr aus. «Es war damals wirklich ein Glaubensakt, sich mit dem Danach zu beschäftigen, und sicher auch ein Akt der Selbsterhaltung der eigenen Integrität. Es war wohl zu diesem Zeitpunkt, dass zwischen uns, Helmuth und mir, ausgesprochen worden ist, dass wir diesen Einsatz gemeinsam tragen wollten.»

Es mag seinem «Pessimismus», der Lebensabgewandtheit geschuldet sein, die sich in ihm immer wieder zeigt – oder eine Ahnung, dass sie diesen Einsatz vielleicht nicht gemeinsam zu Ende werden führen können. In seinem Trostbrief über den Frieden schickt er ihr jedenfalls ein Gedicht mit, das er als Widmung in einer englischen Geschichte der Philosophie von Will Durant gefunden hat:

*To my wife:*
*Grow strong, my comrade ... that you may stand*
*Unshaken when I fall; that I may know*
*The shattered fragments of my song will come*
*At last to finer melody in you;*
*That I may tell my heart that you begin*
*Where passing I leave off, and fathom more.*

## Freundschaft mit Yorck

Den zweiten Teil der Achse eines Freundeskreises, der in den nächsten Jahren über die Zukunft Deutschlands nachdenken wird, sein kongeniales Gegenstück, kennt Moltke bereits flüchtig. Er und Peter Yorck von Wartenburg – dessen Schwester Davida mit Moltkes Onkel Hans Adolf verheiratet ist – haben sich schon 1938 bei einer Familienfeier im schlesischen Wernersdorf getroffen, sympathisch gefunden und zunächst wieder aus den Augen verloren. Als Leutnant der Reserve nimmt der fünfunddreißigjährige Yorck am Polenfeldzug teil und kommt zutiefst erschüttert nach Berlin zurück.

Yorck hat den Nationalsozialismus immer gehasst, der NSDAP ist er nie beigetreten, die Chance auf eine Beförderung ist für den Juristen ab 1937 vorbei; er hat ein Auskommen als Beamter im Reichskommissariat für Preisbildung gefunden. Schon nach der «Reichskristallnacht» 1938, als sich nur ein Schatten der Möglichkeit abzeichnet, dass sich dieses Regime in einem Krieg selbst vernichten könnte, fängt er an, in seinem Freundes- und Bekanntenkreis nach Gesprächspartnern für eine Diskussion über die Grundlagen einer Verfassung nach Hitler zu suchen. Aber das Morden, die Brutalität, mit der Polen unterdrückt wird, dies übersteigt alles, was er bislang schon an Verachtung für das NS-Regime übrighatte. Das zwingt zu irgendeiner Form des Handelns.

Welche Freundschaft sich zwischen den beiden schon vor dem entscheidenden Sommer 1940 anbahnt, das deutet Moltke zunächst nur schüchtern an: «Zu Mittag habe ich mit Peter Yorck (...) gegessen, oder besser bei ihm. Er wohnt draußen am Botanischen Garten in einem winzigen Haus, das sehr nett eingerichtet ist. Ich glaube, wir haben uns sehr gut verständigt, und ich werde ihn wohl öfters sehen.» Noch ist die erste Unterhaltung, so Marion Yorck, «nicht sehr gelöst, eher tastend oder wie ein Florettgefecht verlaufen». Man muss sich erst einstimmen, aber immerhin stecken die Männer schon einmal die Fragen ab, die sie beschäftigen; Helmuth, immer die ordnende Kraft, rekapituliert in einem Brief, was die beiden noch trennt und was sie verbindet. Aber schon darin steckt ein Einverständnis – dass über unterschiedliche Auffassungen zu einem gemeinsamen Schluss zu kommen ist. Dass man sich ja im Grundgedanken, nämlich aktiv an einer demokratischen Ordnung zu bauen, einig ist und dass die offene Diskussion über die zahlreichen Wege, die zu einem solchen Ziel führen, schon Teil dieses Ziels ist. Das ist der Kerngedanke, das ist das Wesen des Kreisauer Kreises, der um Yorck und Moltke in den nächsten Jahren entstehen wird.

Yorck ist still und zurückhaltend, selbst sein Lächeln über der bübischen Lücke zwischen den Vorderzähnen wirkt schüchtern. Immer sei seine Rolle etwas zu kurz gekommen, glaubt Freya, denn «er neigte dazu, sich selbst zurückzunehmen und eher im Stillen zu wirken. Seine sammelnde und integrierende Rolle in der Gruppe war bedeutend. In ihm lernten Helmuth und ich konservatives Leben verstehen und achten, denn er war dabei weitherzig und von großer Toleranz.»

Moltke wiederum, so beschreibt ihn Yorcks Ehefrau Marion, «besaß einen Schuss englischer Wesensart in seiner betonten Zurückhaltung. Er war sehr sachbezogen, weniger musisch und wirkte nicht nur, sondern war auch etwas hochmütig, nie allerdings einfachen Menschen gegenüber, denen er immer respektvoll begegnet ist. Er trank keinen Alkohol, war sehr präzise in seiner Tageseinteilung und auf die Minute pünktlich. Auch die

Gespräche der Freunde lenkte er, ohne ein Abgleiten zu gestatten. Er war willensstark, diszipliniert, ordentlich und analytisch intelligent.»

Beide entstammen dem preußisch-schlesischen Landadel. Moltkes Urgroßonkel, der «ältere Moltke», erhielt die Dotation Kreisau für einen militärischen Sieg. Yorcks Ururgroßvater David erhielt die Dotation Klein-Oels für eine Entscheidung, die er nach bestem Gewissen und gegen den Willen seines Königs traf: Er verhandelte 1812 auf eigene Faust bei Tauroggen ein Neutralitätsabkommen mit Russland und löste damit im Grunde die Befreiungskriege gegen Napoleon aus. Yorck steht in der Tradition des preußischen Liberalismus, der Pflichtgefühl mit Eigensinn, Bildung, aber auch einer grundsätzlichen Loyalität zur Monarchie paart. Sein Urgroßvater und Großvater waren wichtige Politiker der liberalen Partei, sein Vater war konservativer Abgeordneter des Reichstags, die Familie ist mit zahlreichen Künstlern und Intellektuellen befreundet; die Bibliothek in Klein-Oels, die mehr als 150000 Bände umfasst, die den Yorcks in Teilen vom Dichter Ludwig Tieck vermacht worden ist und in der sich Joachim Ringelnatz eine Weile als Bibliothekar ein Zubrot verdient, ist Legende. Das Bildungsniveau im Hause Yorck ist ein Grund, warum Peter und dessen neun Geschwister (er ist das fünfte Kind) nicht allzu viel Umgang mit anderen Landadeligen pflegen: Dass dort Platons Dialoge im griechischen Original gelesen werden und die Kinder ohne weiteres große Teile des «Faust» auswendig können, ist manchem eher erdverbundenen Junker entschieden zu abgehoben.

Yorck wie Moltke haben bürgerliche Frauen geheiratet; wie im Übrigen auch andere adelige Mitglieder des Freundeskreises, die sie um sich scharen werden – offensichtlich war von Beginn an engstirniger Korpsgeist in diesen Männern nicht zu finden.

Marion hat wie Freya Jura bei Professor Martin Wolff studiert, sie und Peter heiraten 1930, kurz vor ihrem Assessorexamen. «Es kam zu einer nahen Freundschaft zwischen den Ehepaaren, die über viele Jahre für uns sehr kostbar war», beschreibt Freya fast ein wenig zurückhaltend ein Verhältnis, das zum Kernstück der nächsten Jahre, zu einem Fixpunkt ihres Lebens werden sollte.

War Yorck das Herz und Moltke der Verstand dieses Unternehmens, so waren deren Ehefrauen dessen Körper und Seele. Sie behausen ihre Männer – ganz buchstäblich, denn sie sind es, die aus ihren Gütern Klein-Oels und Kreisau hochgeschätzte und im Verlauf des Krieges immer dringender benötigte Lebensmittel beisteuern, die zur Hebung des allgemeinen Wohlbefindens und einer angenehmen Gesprächsatmosphäre wesentlich beitragen. Selbstverständlich sind sie beide eingeweiht in die Tätigkeiten ihrer Männer. «Peter hat mir nie etwas verheimlicht», so Marion in ihrem kleinen Erinnerungsbändchen «Die Stärke der Stille»: «Ich wusste immer, wann er weg war, bei wem er war, wie und wann er nach Hause kommen wollte. Er sagte mir eigentlich alles. Und auch an diesen Beratungen habe ich immer, wenn ich in Berlin war, teilgenommen.»

Freya erfährt von allen Tätigkeiten ihres Mannes vor allem brieflich. Helmuth ist ja erstaunlich frei in seinen Äußerungen – die Gestapo ist kein besonders großer Apparat, im Jahr 1944 und kurz vor Ende des katastrophalen Krieges beschäftigt sie auch nur 32 000 Leute in ganz Deutschland, Briefe werden nicht so häufig heimlich geöffnet und zensiert, wie man heute vermuten möchte. Das System funktioniert nicht nur mit Druck, sondern vor allem mit vorauseilendem Gehorsam: Täglich gehen bei den oft hoffnungslos überforderten Beamten Hunderte Meldungen ein, in denen Ehepartner, Familienangehörige,

Freunde oder Kollegen für kleinste Vergehen oder nur vorlaute Bemerkungen denunziert werden. Freyas und Helmuths Postverkehr ist absolut überschaubar. Freya, deren (bis ins hohe Alter) klare Handschrift leicht zu lesen ist, schreibt hauptsächlich über den Betrieb, nur hier und da sind Bemerkungen zu seinen Tätigkeiten eingestreut. Sie kann ja nicht wissen, durch welche Hände ihre Briefe in Berlins Verteilerämtern gehen. Umgekehrt ist es viel einfacher: Helmuths winzige Handschrift zu lesen wäre – und ist später – eine Herausforderung für jeden Zensor. Zudem gibt es in Kreisau nur eine Postmeisterin und deren Sohn, die für die Briefzustellung zuständig sind. Nicht nur hält Freya die beiden für zuverlässig. Sie wüsste auch, wenn sich ein Brief unziemlich verspäten und an den falschen Adressaten gelangen würde.

## «Selbst der Märtyrer kann sicher sein, als Verbrecher zu gelten»

Zuverlässig: Das ist das entscheidende Kriterium für die große Aufgabe, Mitstreiter zu finden, mit denen sich ein demokratisches Deutschland nach dem Ende des Krieges planen lässt. Aber wie findet man in einer Atmosphäre des Verrats und der giftigen Belauerung zuverlässige Freunde?

«Widerstand – das Wort haben wir gar nicht für uns benutzt», sagt Freya, das sei ja erst nach dem Krieg in Anlehnung an die französische Résistance auch für Deutschland übernommen worden. Dabei unterscheidet sich der Widerstand in den von den

Nazis besetzten Ländern fundamental von der oppositionellen Tätigkeit Vereinzelter in Deutschland selbst.

Dort kämpft man gegen eine fremde Besatzungsmacht, dort genießen die Partisanen und Untergrundkämpfer die Unterstützung weiter Teile der Bevölkerung (bei aller späterer romantischen Verklärung über das Ausmaß des Widerstands). In Deutschland versucht eine verschwindend kleine Gruppe von höchst unterschiedlichen Männern und Frauen mit verzweifelt geringen Erfolgsaussichten einen täglichen Kampf um Minimalergebnisse auszufechten.

In kaum einem Dokument über die Zeit des Dritten Reiches wird die aussichtslose Situation der «deutschen Gegendenker» so offenbar wie in einem Brief, den Helmuth James von Moltke im Herbst 1943 während einer Reise nach Stockholm über Mittelsmänner seinem britischen Freund Lionel Curtis zukommen lässt: «In Deutschland und in gewissem Maße auch in Frankreich gibt es viele, die vom Dritten Reich profitiert haben und wissen, dass mit dessen Ende auch ihre Zeit zu Ende geht. Zu dieser Kategorie gehören nicht ein paar Hunderte, sondern Hunderttausende, und um ihre Zahl zu vermehren und neue Pfründe zu schaffen, wird alles korrumpiert. (…) Während man also den Absichten eines Holländers, Norwegers usw. trauen kann, muss man jeden Deutschen sorgfältig prüfen, um herauszubekommen, ob er zu gebrauchen ist oder nicht. Dass er Antinazi ist, genügt nicht. (…) Und wie steht es mit der Opposition? Nun, erstens hat sie große Verluste. Die gut funktionierenden Guillotinen können eine beträchtliche Anzahl von Männern verschlingen. Das ist eine ernste Sache. Nicht allein wegen des Verlustes an Menschenleben; den müssen wir in Kauf nehmen, denn wir werden nicht ohne erhebliche Opfer an Menschenleben aus der Sache herauskommen, in die man uns gebracht hat. Das Schlimmste ist, dass dieser Tod schmählich ist. (…) In den übrigen von Hitler tyrannisierten Ländern hat sogar der gewöhnliche Verbrecher Aussicht, als Märtyrer angesehen zu werden. Bei uns ist das anders: Selbst der Märtyrer kann sicher sein, als Verbrecher zu gelten. Das macht den Tod sinnlos, und das ist ein sehr wirksames Abschreckungsmittel.»

«Man muss jeden Deutschen sorgfältig prüfen» – es ist nicht verwunderlich, dass Yorck und Moltke zunächst langjährige Freunde und Verwandte einbeziehen. Carl Dietrich von Trotha, ein Vetter Moltkes, steht ihm wohl am nächsten. Die beiden haben zahlreiche gemeinsame Kindersommer auf Kreisau verbracht. Dass Trotha ein verlässlicher Gegner des Nationalsozialismus ist, weiß Moltke ganz gewiss. Trotha wiederum bürgt für seinen Freund Horst von Einsiedel, der als junger Volkswirt in die SPD eingetreten ist, 1934 seine Stelle im Berliner Statistischen Reichsamt verliert und schließlich in einer Nischenabteilung des Wirtschaftsministeriums, der «Reichsstelle Chemie», Unterschlupf findet.

Nichts ahnend von diesen Aktivitäten, weil schon 1933 emigriert, wirkt als stille Kraft im Hintergrund Eugen Rosenstock-Huessy. Der Universalgelehrte, der in den zwanziger Jahren eine Professur an der Breslauer Universität innehielt, ist leidenschaftlicher Verfechter einer «Volksbildung». Zusammen mit einigen seiner Studenten, darunter Trotha, Einsiedel, Moltke und Yorck, hatte er damals in der «Löwenberger Arbeitsgemeinschaft» begonnen, freiwillige soziale Arbeitsdienste zu organisieren – «Arbeitslager» nennen die Beteiligten dieses Unternehmen noch ganz unschuldig, Freya wird später lieber den englischen Begriff «work camps» benutzen. Dort verbringen Arbeiter aus den Elendsvierteln der schlesischen Bergarbeiterstadt Waldenburg, Bauern und Studenten einige gemeinsame Wochen, arbeiten tagsüber zusammen und diskutieren abends über soziale Fragen. Für die Spätphase der Weimarer Republik, für eine Gesellschaft, deren politische Kultur geradezu zerfetzt wird von den scharfen Klassengegensätzen, ist dies eine revolutionäre Idee. Sie ist und bleibt auch Grundlage für den Kreis von Freunden, der sich um Yorck und Moltke zusammenfinden wird: Wenn in Deutschland nach den Erfahrungen der Weimarer Republik eine wirkliche, in ihren Wurzeln gestärkte Demokratie entstehen soll, dann muss man an der Überwindung politischer Trennlinien und vor allem an der Überwindung der alten Klassengesellschaft arbeiten.

Zu jenen, die an den schlesischen Arbeitslagern teilgenommen haben, gehören auch Otto Heinrich von der Gablentz und Adolf Reichwein. Gablentz war von seinem Posten im Reichswirtschaftsministerium geschasst worden und arbeitet nun mit Einsiedel in der «Reichsstelle Chemie». Reichwein, der 1930 in die SPD eingetreten ist, war 1933 als Professor in Halle sofort entlassen worden und hat sich daraufhin mit seiner Familie als Lehrer in eine Dorfschule im brandenburgischen Tiefensee zurückgezogen. Über Reichwein lernen Yorck und Moltke den Sozialdemokraten Carlo Mierendorff kennen, der 1933 verhaftet und nach einer Odyssee durch mehrere Konzentrationslager 1938 entlassen wird. Wieder in Freiheit, kommt er, welch Ironie, in der Verwaltung eines Rüstungsunternehmens in Berlin unter, wo er sich so «geläutert» gibt, dass seine oppositionelle Tätigkeit vorerst nicht auffällt.

Mierendorff führt einen weiteren Sozialdemokraten in den Kreis ein: Theodor Haubach, der ebenfalls schon 1934 in ein Konzentrationslager gesteckt, wieder entlassen und zu Kriegsbeginn noch einmal verhaftet wird. Wenig später stößt mit

Julius Leber wohl eine der stärksten sozialdemokratischen Persönlichkeiten dazu. Anders als die meisten Ehefrauen in diesem Freundeskreis wird Annedore Leber von ihrem Ehemann kaum in dessen Aktivitäten eingeweiht, er will sie schonen – «er nannte sie Sonnenstrahl und sein Vögelchen» – und nimmt sie politisch nicht ganz ernst, erinnert sich Marion Yorck. Von der Verschwörung des 20. Juli wird sie erst sehr spät erfahren. Nach dem Krieg aber wird sie es sein, die sich zusammen mit Freya von Moltke am stärksten dafür engagiert, dass die Gedanken und die Taten des deutschen Widerstands bekannt werden.

Als außenpolitischer Experte wird Adam von Trott zu Solz hinzugezogen, den Moltke vor Beginn des Krieges schon einmal in England getroffen hat und der mit einer amerikanischen Mutter und als ehemaliger Stipendiat der britischen Rhodes-Stiftung einen ähnlich angelsächsischen Hintergrund hat wie Helmuth James. Im Auswärtigen Amt arbeitet Trott in der «Informationsstelle», einem Referat, in das nach dem Frankreichfeldzug auf Betreiben Ribbentrops abgeschoben wird, wer nicht als linientreu gilt. Für die vom Amt nun isolierten Diplomaten erweist sich die Maßnahme des Ministers als Vorteil. Ihre Aufgabe ist es, die «Stimmung in den Feindländern» zu eruieren, was sich dazu nutzen lässt, Kontakt zu ausländischen Oppositionsgruppen aufzunehmen, und vor allem, sich ein klares Bild über das Ausmaß der in den besetzten Ländern begangenen Verbrechen zu verschaffen. Zu den vertrauenswürdigen Kollegen Trotts und bald auch zum Freundeskreis gehört Hans Bernd von Haeften; auch er war 1929 Austauschstudent in Cambridge. Als tiefgläubiger Protestant haben sich Haeften und seine Frau Barbara der Bekennenden Kirche des Dahlemer Pfarrers Martin Niemöller angeschlossen, Hans' jüngerer Bruder Werner ist Adjutant Claus Schenk von Stauffenbergs.

Aber nicht nur Arbeiter und Bürger, Gewerkschafter und Adelige trennte in der Weimarer Republik eine so tiefe Kluft, dass gemeinsame Anstrengungen gegen den Nationalsozialismus ganz unmöglich schienen. Auch die scharfe Trennlinie zwischen Protestanten und Katholiken, davon sind Yorck und Moltke überzeugt, muss endlich überwunden werden. Der Katholik und Verwaltungsspezialist Hans Peters, einst außerordentlicher Professor in Breslau, ist ebenfalls «Löwenberger»; ihn trifft Moltke im Luftwaffenstab in Berlin wieder, wohin man ihn zwangsversetzt hat. Über den fränkischen Adeligen Karl Ludwig zu Guttenberg kann er Kontakte zum Münchener Bischof Konrad Graf von Preysing und von dort zum «obersten Jesuiten der Jesuiten-Provinz München», Pater Augustin Rösch, schließen. «Ein Bauernsohn mit einem hervorragenden Kopf, gewandt, gebildet, fundiert. Er hat mir sehr gut gefallen. Wir haben auch über Fragen der Seelsorge, der Erziehung und des Ausgleichs mit den Protestanten gesprochen, und der Mann schien vernünftig, sachlich, zu erheblichen Konzessionen bereit», schreibt Moltke seiner Frau am 15. Oktober 1941. Rösch wiederum führt Pater Alfred Delp in den Kreis ein, einen Spezialisten der Katholischen Soziallehre.

Im Herbst 1941 bringt Einsiedel den protestantischen Gefängnispfarrer Harald Poelchau zu einem Mittagessen in Moltkes Wohnung in der Derfflingerstraße am heutigen Reichpietschufer mit. «P. hat mir sehr gut gefallen: jung, aufgeschlossen und einsatzfähig», beschreibt Helmuth seiner Frau den Mann, der der Familie ein unerschütterlicher Freund bleiben und ihn selbst nicht einmal vier Jahre später in den Tod begleiten wird. Und weiter: «Wie ein Mann, der Woche um Woche vielen Hinrichtungen beiwohnt, seine seelische Eindrucksfähigkeit behalten und dann noch gut gelaunt sein kann, ist mir ein Rätsel. Er berichtete recht einfallsreich und, für mich auch ganz neu, über die Stimmung in der Arbeiterschaft, mit der er engen Konnex hält.»

Während des Gesprächs an diesem 23. September klingelt im Nebenzimmer das Telefon, Moltke entschuldigt sich und kehrt nach kurzer Zeit ohne weitere Erklärung zu den beiden Herren zurück. Erst später wird Poelchau erfahren, dass man Moltke soeben von der Geburt seines zweiten Sohnes Konrad unterrichtet hatte. Und erst am Abend wird Helmuth seiner Frau einen knappen Brief schreiben zu dem neuen Leben, dem er «bangend seine Zustimmung gegeben hat», fürchtend, «dass die Einwilligung zu deinem zweiten Kinde mir die Folgerichtigkeit genommen, wie Samson, als ihm die Haare geschnitten wurden». Jetzt, da der Sohn geboren ist, sorgt er sich nicht mehr, dass er dem Wunsch, sich zurückzuziehen und nur noch in Kreisau «zu graben, zu hacken, zu pflanzen, zu schneiden und zu warten, bis die Ereignisse hinter meiner Vorstellung her sind», nachgeben könnte. Er weiß, dass Freya auch als Mutter zweier kleiner Kinder nicht aufhören wird, ihren Mann in allem zu stützen, was er tut: «Es ist ja gut, dass nun alles überstanden ist», schreibt er ihr, «hoffentlich erholst du dich schnell, und hoffentlich gedeiht dein zweites Söhnchen genau so wie dein ‹großes›. Ich bin ja sehr gespannt, wie Casparchen sich zu dem neuen stellen wird.»

Er selbst jedenfalls stellt sich trotz anfänglicher Zweifel ganz zart zu «ihren» beiden Söhnchen. In der kurzen Zeit, die er mit ihnen erleben darf und die Caspar vage, Konrad gar nicht erinnern wird, war er ihnen, so das «große Söhnchen», ein äußerst liebevoller Vater.

Was sich hier so einfach schildern lässt, ist in Wirklichkeit ein langer, mühseliger und mit zahlreichen Rückschlägen behafteter Prozess. Beständig halten «Kopf und Herz» des Kreises Ausschau nach brauchbaren Leuten. Der Kreis, der sich hier bildet, ist kein festgefügter Club von Verschwörern. Nur Moltke und Yorck wissen über alle Bescheid, die mit ihnen in Verbindung stehen. Schon aus Vorsichtsgründen treffen sich die «Freunde» in unterschiedlichsten Zusammensetzungen meist zum Mittagessen in der Derfflinger Straße (das ist am unauffälligsten, außerdem verfügt Moltke über den Vorteil unerschöpflicher Lebensmittelversorgung) und noch häufiger im etwas geräumigeren Haus der Yorcks in der Hortensienstraße. «Es ist doch immer wieder erstaunlich, wie lange es dauert, bis man gute Leute gewinnt», schreibt Helmuth seiner Frau im Januar 1942. Kein anderer oppositioneller Zirkel, keine Gruppierung ist, zumal mit Bedacht, so unterschiedlich zusammengesetzt, keine muss sich aus so unterschiedlichen Richtungen kommend auf eine gemeinsame Linie einigen.

«Antinazi zu sein genügt nicht», wird Moltke seinem Freund Curtis schreiben, und das beruht auf den Erfahrungen dieser Monate, in denen er und Yorck immer wieder sondieren, verwerfen, den Faden wieder aufnehmen, prüfen, wie zuverlässig der vielleicht neue Freund ist, wie sehr man an einem Strang wird ziehen können – nicht nur im Hoffen auf das Ende des Regimes, sondern, viel wichtiger noch, beim Bau eines Fundaments für eine zukünftige Gesellschaft. «Analytische Intelligenz» hat Marion Yorck ihrem Freund Helmuth Moltke bescheinigt. Eine «nicht sehr ausgeprägte Menschenkenntnis» macht seine Ehefrau bei ihm aus. Die meisten seiner alt-neuen Bekannten stellt er ihr bei ihren Besuchen in Berlin vor. Freya ist «überrascht und beeindruckt von der Vielfalt und Qualität der Männer, die ich damals traf und von denen jeder über andere und besondere Kenntnisse und Erfahrungen verfügte, die er in der Diskussion einbrachte». Er braucht ihr Urteil: Den späteren ersten Bundeskanzler der Bundesrepublik Konrad Adenauer, der Interesse an der Arbeit Yorcks und Moltkes zeigt, findet sie ungeeignet, weil «zu alt» – was sie später mit der lächelnden Bemerkung quittiert, das zeige ja wohl nur, «wie jung wir waren».

Freya ist Helmuths Ruhepunkt und seine «Außenministerin». Intellektuelle und politische Übereinstimmung sind eines; ausschlaggebend aber ist ein intuitiv erfasstes und sicheres Gefühl der Zuverlässigkeit. Diese Freunde vertrauen einander ihr Leben an. «Das Essen mit Haeften und Yorck war nicht so ergebnisreich, wie ich es gewünscht hätte», berichtet er ihr am 5. Juli 1941: «Haeften und Frau bekommst Du aber das nächste Mal vorgesetzt.» Hans Bernd wird sie bald kennenlernen, dessen Frau Barbara erst nach dem Krieg zum ersten Mal treffen und mit ihr eine lebenslange Freundschaft schließen. 1965 wird Haeftens jüngste Tochter Ulrike, die wenige Wochen vor dem 20. Juli 1944 geboren wird, Konrad von Moltke heiraten, mit dem Freya in jenem Juli 1941 schwanger ist. Getraut werden sie von Harald Poelchau.

## Das erste Treffen

Ein sonniger Freitag auf Gut Kreisau vor dem Pfingstwochenende, das im Jahr 1942 auf den 24. und 25. Mai fällt. In der Luft hängt der Duft von Maiglöckchen, die die Wiesen wie ein Teppich aus weißen und lindgrünen Flusen bedecken. Am späten Nachmittag zieht ein kleines Begrüßungskomitee vom Berghaus mit dem Leiterwagen zur Bahnstation, um Gäste abzuholen und deren Gepäck zum Schloss zu karren. Die Herren werden die Jacketts ausgezogen und über die Schulter gehängt haben, auch zum Abend hin bleibt es jetzt schon mild. Etwas später trifft ein volles Taxi aus Schweidnitz ein, wo der Schnellzug aus Berlin hält. Für die Hofleute ist es nicht weiter aufregend, dass Besuch in größerer Zahl kommt. «Allein» gibt es auf dem Land ohnehin nicht, immer schaut jemand vorbei, und bei Moltkes herrscht ein beständiges Kommen und Gehen. Außerdem will in der darauffolgenden Woche Helmuths Schwester Asta den Kunsthistoriker Wend Wendland heiraten, da wird ohnedies größerer Trubel herrschen, der sich jetzt schon ankündigt.

Niemand ahnt auch nur, dass an diesem Wochenende das erste Treffen des «Kreisauer Kreises» stattfindet. Man will über Fragen des Verhältnisses von Staat und Kirche und über Schulen und Universitäten sprechen. Sollte sich irgendjemand doch bemüßigt fühlen, eine verdächtige Zusammenkunft zu melden, so wären dies recht unverfängliche Themen.

Im Berghaus können nur das Ehepaar Yorck mit Peters Schwester Irene, genannt Muto, und Pater Augustin Rösch untergebracht werden, die kleinen Zimmer im ersten Stock und im Dachgeschoss sind voll belegt. Neben Asta, Helmuth, Freya und deren Söhnchen sind auch die beiden Kinder von Hans Deichmann zu Besuch und dauerhaft der Sohn von Freunden aus dem Rheinland, die ihn vor dem beginnenden Bombardement in Sicherheit wissen wollen. Ganz beeindruckt ist Freya, dass Pater Rösch, «der Provinzial der Jesuiten, der Oberste der süddeutschen Jesuiten, der uns als eine verehrungswürdige Person schien», den weiten Weg auf sich genommen hat, um das vergleichsweise doch sehr junge Ehepaar Moltke in Niederschlesien zu besuchen. Harald Poelchau, Hans Peters und Moltkes «norwegische Eroberung», der ehemalige Rendsburger Landrat

Theodor Steltzer, der wegen seiner SPD-Nähe 1933 entlassen, 1939 zur Wehrmacht eingezogen und nach Oslo versetzt wird (wo Moltke ihn während einer Dienstreise kennenlernt), werden «bei den verwitweten Tanten im Schloss» untergebracht.

Vorbereitungen für dieses Treffen sind schon seit Wochen und Monaten in zahlreichen Unterredungen in der Hortensienstraße getroffen worden, man will nicht «einfach so» debattieren, sondern möglichst greifbare Ergebnisse erzielen. Jeder hat seine Aufgabe: Steltzer leitet die Diskussion über Staat und Kirche, Reichwein spricht über Schulen, Moltke referiert über die Universitätsreform. Es ist ja vollkommen klar, dass auf diesem Gebiet etwas geschehen muss, nachdem gerade Studenten und Hochschullehrer sich so willig dem Nationalsozialismus ergeben haben. Rösch erläutert den katholischen Standpunkt zur Frage der Konfessionsschulen und der Rolle der Religion in der Gesellschaft.

Selten zuvor haben protestantische und katholische Geistliche gemeinsam so direkt über Fragen diskutiert, die seit der Reformation schwären. Poelchau mit seinen «tiefen Verbindungen in die Arbeiterschaft» bedauert es, dass die protestantische Kirche nicht auf die Verwerfungen der Industrialisierung und der Moderne zu reagieren vermochte und dass es ihr eher um das Seelenheil Einzelner geht als um eine aktive Rolle in der Gestaltung der Gesellschaft. «Wenn die tiefe Spaltung, die soviel dazu beigetragen hatte, die Qualität des politischen Lebens in Deutschland zu beeinträchtigen, auf freiheitlichen Grundlagen überwunden werden sollte, musste sich die evangelische Kirche mit sozialen Reformen befassen, anstatt Menschen abzuweisen, weil sie Sozialisten waren», fasst Freya die Diskussion jenes Wochenendes in ihrer gemeinsam mit Julian Frisby und Michael Balfour verfassten Biographie über Helmuth Moltke zusammen: «Der Katholizismus als hierarchisch organisierte Religion musste lernen, sich mit einer freien Gesellschaft abzufinden, ein Prozess, den die Erfahrungen mit einer areligiösen Diktatur beschleunigten.»

Dass eine so freie Diskussion möglich ist, liegt nicht zuletzt an der Atmosphäre, die Freya im Berghaus herzustellen weiß. In den Wohnzimmern zur überdachten Veranda hinaus, mit Blick auf die blühenden Akazien, sitzt der Kreis in gemütlichen Sesseln und debattiert stundenlang. Immer wieder bricht eine kleinere Gruppe zu Spaziergängen auf, vertieft in Gespräche und trotzdem die friedliche Weite der Landschaft vor Augen: Endlich einmal gelöst und beinahe ohne Furcht reden können; endlich einmal durchatmen können und nicht immer den Druck auf sich spüren. Nur während der Mahlzeiten sollen keine politischen Gespräche geführt werden, darauf besteht Moltke streng. Das Kindermädchen und die zwei Kochhilfen aus dem Dorf gelten zwar als zuverlässig, aber man weiß nie, ob nicht aus Dummheit oder Nachlässigkeit doch etwas weitergetragen wird.

Mit Poelchau verhandelt Freya gleich Praktisches. In seiner kleinen Wohnung in der Afrikanischen Straße in Berlin-Moabit klopfen immer wieder Juden an, die sich verstecken müssen. Er pflegt ein ganzes Netzwerk von Unterstützern, die bereit sind, wildfremde Menschen bei sich unterzubringen, den wenigen Platz zu teilen, das Risiko, entdeckt zu werden, auf sich zu nehmen. Am dringendsten werden Lebensmittel benötigt, die immer strenger rationiert sind. Freya wird ihm aushelfen und in den nächsten Jahren säckeweise getrocknete Erbsen schicken – keine Luxusware, aber haltbar, praktisch und relativ unauffällig. Pater Rösch, erinnert sie sich, «erzählte voller Heiterkeit, wie man sich bei einem Gestapo-Verhör verhalten müsse, der Gestapo ein Schnippchen schlagen müsse, wozu man aber unbedingt einen

Schutzengel brauche». Am Sonntagvormittag macht sich die Gruppe zu Fuß in das wenige Kilometer entfernte Gräditz auf, «wo jeder in seine Kirche gehen konnte».

Die Ergebnisse ihrer Gespräche werden penibel in einer ersten Grundsatzerklärung protokolliert. Moltkes Sekretärin Katharina Breslauer tippt sie ab, sie ist eingeweiht in die Arbeit des Freundeskreises und nimmt das Risiko bewusst auf sich, ein Dokument des Hochverrats zu kennen, aber nicht zur Anzeige zu bringen. Dann wird es zur weiteren Diskussion an Freunde wie Mierendorff weitergegeben, die aus Sicherheitsgründen nicht am Kreisauer Treffen teilnehmen konnten, es wird überarbeitet, neu abgeschrieben, bis es wieder in Freyas Händen landet, die diese hochgefährlichen Unterlagen im Schloss versteckt.

An den Diskussionen selbst, berichten Marion und Freya übereinstimmend in ihren Erinnerungsbüchern, haben sich die Frauen nicht aktiv beteiligt. So intelligent und gebildet sie auch sind, so liberal, aufgeschlossen und selbständig – sie sehen ihre Rolle doch klar in der Unterstützung der Arbeit dieser Männer. Zurückgestellt empfinden sie sich keineswegs, denn dass dieser Widerstand ohne die geistige und moralische Unterstützung der Ehefrauen nicht möglich gewesen wäre, das wissen sie nur zu gut. Zaudern, Anflüge von Mutlosigkeit, Zweifel, womöglich schon eine vorübergehende Krankheit – all dies verunsichert sofort: «Mein Lieber, es war wie immer sehr lieb mit und bei Dir», schreibt Moltke seiner Frau nach einem Kurzbesuch im Januar 1943, zu dem er spontan aufgebrochen war, weil sich seine Frau nicht wohl fühlte. «Besonders war es sehr angenehm, einmal ganz allein in Kreisau zu sein. Das ist uns noch nie passiert. Hoffentlich wirst Du jetzt nur gesund – Mein Lieber, denke daran, wie wichtig das sein kann. Ich habe bisher noch niemals die Möglichkeit einkalkuliert, dass wir etwas Notwendiges unterlassen müssten, weil Du dem nicht gewachsen sein könntest. (…) Pflege Dich!»

Noch zweimal treffen sich die Freunde in unterschiedlicher Besetzung in Kreisau. Mitte Oktober 1942 soll es um Fragen einer neuen Wirtschafts- und Staatsordnung gehen, wieder haben Yorck und Moltke versucht, eine möglichst umfassende Vorbereitung zu leisten, in zahlreichen Gesprächen Grundzüge von Kompromissen zu finden, auf die sich diese so unterschiedlich denkenden Menschen einigen können.

Doch die Stimmung ist schon deutlich gedrückter als beim ersten Mal. Es liegt kein Frühlingsduft mehr in der Luft, man spaziert nicht entspannt über die Felder, eine laue Brise in der Nase. Jetzt im Herbst riecht es nach nasser Erde und moderndem Laub, bis in die Nacht hinein dauern die Gespräche, an denen dieses Mal neben dem «Stammpersonal» Yorck/Moltke, Theodor Steltzer und Hans Peters auch der Wirtschaftsexperte Einsiedel teilnimmt, der neu in den Kreis aufgenommene protestantische Theologe Eugen Gerstenmaier (der als Regimegegner ebenfalls in Canaris' Spionageabwehr untergekommen ist), Pater Delp, der von Augustin Rösch aus München entsandt wurde, sowie der Gewerkschafter Hermann Maas, der dem Kreis aber skeptisch gegenübersteht.

Ob denn viel von den Kreisauer Plänen verwirklicht worden sei, wird Freya später einmal gefragt – und sie antwortet skeptisch: Manches möge heute ein wenig abgehoben klingen, schließlich seien keine «Staatsrechtler am Werk gewesen», sondern Menschen, deren Lebenserfahrung die Umkehrung und Pervertierung aller Werte durch den Nationalsozialismus gewesen sei.

Die Dokumente der Kreisauer sind deshalb auch Protokolle eines versuchten Heilungsprozesses, der damit beginnt, die richtigen Fragen zu stellen: Wie kann die deutsche Tradition umgekehrt werden, «den Staat» nur den Beamten zu überlassen, ohne sich selbst zu beteiligen? Wie kann ein gerechtes Wirtschaftssystem geschaffen werden? Die Verwerfungen der Industrialisierung erkennen sie ganz genau, und so plädieren sie für eine wirtschaftliche Ordnung, die weder vollends kapitalistisch noch eine sozialistische Planwirtschaft ist. (Der erste Wirtschaftsminister der Bundesrepublik, Ludwig Erhard, wird für diese Kompromissformel den Begriff «soziale Marktwirtschaft» prägen.) Sie wollen eine europäisch integrierte Wirtschaft und eine Demokratie, die sich von unten nach oben, unter Teilnahme einer starken Gewerkschaft, aufbaut. «Ich denke, dass die Kreisauer vielleicht am weitesten vorne waren in der Verwaltung der Wirtschaft. Sie waren die Ersten, die von Mitbestimmung gesprochen haben», wird Freya die Arbeit der Gruppe in einem Interview mit der «Zeit»-Herausgeberin Marion Dönhoff einmal nachträglich beschreiben. «Sie haben auch richtig gesehen, wie schwer es mit den Parteien sein wird, die doch das Wesen der Demokratie und damit unentbehrlich sind. Sie hatten auch recht, dass sie die kleinen Gemeinschaften, die Kommunen stärken wollten, um die Deutschen stärker an der Demokratie zu beteiligen. Wir wollten genau dies, jene selbstverständliche Mitwirkung, wie sie in angelsächsischen Ländern existiert.»

Im Juni 1943, wieder über ein Pfingstwochenende, trifft sich der Kreis ein drittes und letztes Mal. «Hier sitze ich wieder in dem luftigen Berghaus, mit dem Blick in das liebliche Tälchen, durch das die Peile fließt. Es ist wieder schön und gastfrei hier; und sehr nahrhaft», schreibt Adolf Reichwein seiner Frau Romai – wenige Monate bevor er ausgebombt wird und seine Familie im Dachgeschoss des Kreisauer Schlosses Zuflucht findet. Alle Pläne des Freundeskreises sind auf den Tag X abgestimmt, wenn es mit der Herrschaft der Nazis vorbei ist, wenn es gilt, den Alliierten zu zeigen, dass es durchaus Menschen gibt in Deutschland, die sich nicht haben infizieren lassen, die verantwortlich und mit einer klaren Vorstellung den Neuaufbau eines Staatswesens und einer Gesellschaft angehen können. Menschen, die Deutschland wieder zu einem verantwortungsvollen Mitglied in der Staatengemeinschaft machen können. Vor allem Moltke ist es, dem ein geeintes Europa vorschwebt.

Zu Gerstenmaier, Einsiedel und Delp stoßen an diesem Wochenende der großgewachsene Adam von Trott zu Solz, der im Auswärtigen Amt, immer stärker isoliert, eine Bastion des Widerstands hält, und der Verwaltungsjurist Paulus van Husen, der noch vor dem Ersten Weltkrieg Rechtswissenschaften ebenfalls in Oxford studierte und den Moltke als vertrauenswürdigen Kollegen beim Oberkommando der Wehrmacht getroffen hat.

Husen hat einen Entwurf für die Bestrafung der «Rechtsschänder» mitgebracht. In diesem Punkt müssen die Männer nicht erst nächtelang diskutieren, um Kompromissformeln zu finden, hier sind sie sich einig: Die Verantwortlichen müssen bestraft werden, aber die Deutschen sollen an dieser Bestrafung mitwirken. Sie wollen ein internationales Gericht, in dem sie gemeinsam mit den Siegern und neutralen Mächten über die Verbrechen und die dafür Schuldigen urteilen. Das aber ist nur möglich, wenn die Alliierten überhaupt erst einen Widerstand in Deutschland zur Kenntnis nehmen und anerkennen.

Vor allem Moltke und Trott haben sich immer wieder bemüht, mit dem Widerstand in den von Deutschland besetzten Ländern in Kontakt zu kommen, um auch von der eigenen Arbeit berichten zu können und vielleicht Unterstützung zu finden. Auch versuchen sie unermüdlich, über neutrale Länder mit den Alliierten in Kontakt zu treten. Trott hat es über seine Verbindungen in der Schweiz und in Schweden probiert; Moltke übermittelt aus Stockholm Nachrichten an britische Freunde, die über Einfluss in der Regierung verfügen. Im Dezember 1943 wird er als Völkerrechtsexperte der Abwehr in die neutrale Türkei reisen und in Istanbul versuchen, ein Treffen mit seinem amerikanischen Freund, dem ehemaligen US-Gesandten in Berlin, Alexander Kirk, zu arrangieren. Er weiß, dass der Krieg schon verloren ist. Aber vielleicht lässt sich das Ende beschleunigen, vielleicht kann der deutsche Widerstand dabei behilflich sein. Vielleicht lässt sich eine gemeinsame Nachkriegsordnung schaffen.

Doch weder Trott noch Moltke mit all ihren noch recht guten Verbindungen stoßen auf Gehör. Auf keinen Fall wollen die Westalliierten den Russen das Gefühl vermitteln, sie suchten Kontakt zu deutschen Oppositionsgruppen, um womöglich einen Separatfrieden zu schließen und sich dann gegen die kommunistische Sowjetunion zu wenden. Auch ist ihnen nicht klar, wie groß und einflussreich diese Gruppen wären. Was sie hingegen sehen, ist die verbissene Kampfbereitschaft deutscher Truppen, sind die Verbrechen, die begangen werden, ist ein offenbar unerschütterliches Durchhaltevermögen der deutschen Bevölkerung trotz immer stärkerer Bombardierung.

«Ich bin eine für Zukunftsahnungen nicht sehr begabte Person», erinnert sich Freya später. «Aber an diesem Wochenende, das ich im Ganzen als ergebnisreich empfunden habe, dachte ich doch plötzlich – und ich erinnere mich noch an die Stelle im Haus, an der mich das überfiel: Weiter wird das nicht führen.»

Mit der Verhaftung Moltkes am 19. Januar 1944 endet faktisch die Arbeit des Kreisauer Kreises.

## «Wenn das nicht ein Kompliment ist»

«Das Schöne an dem so aufgezogenen Urteil ist folgendes», kommentiert Moltke die Begründung des Todesurteils durch Roland Freisler am 10. Januar 1945: «Wir haben keine Gewalt anwenden wollen – ist festgestellt; wir haben keinen einzigen organisatorischen Schritt unternommen, mit keinem einzigen Mann ist über die Frage gesprochen worden, ob er einen Posten übernehmen wolle – ist festgestellt; in der Klage stand es anders. Wir haben nur gedacht. (…) Und vor den Gedanken dieser einsamen Männer, den bloßen Gedanken hat der N.S. eine solche Angst, dass er alles, was damit infiziert ist, ausrotten will. Wenn das nicht ein Kompliment ist.» Und weiter am nächsten Tag, in seinem allerletzten Brief: «(…) und dann wird Dein Wirt dazu ausersehen, als Protestant vor allem wegen seiner Freundschaft mit Katholiken attackiert und verurteilt zu werden, und dadurch steht er vor Freisler nicht als Protestant, nicht als Großgrundbesitzer, nicht als Adeliger, nicht als Preuße, nicht als Deutscher, das alles ist ausdrücklich in der Hauptverhandlung abgeschlossen, (…) sondern als Christ und gar nichts anderes.»

Der amerikanische Diplomat George F. Kennan, der Moltke vor dem Kriegseintritt der USA in Berlin kennengelernt hatte, bezeichnete ihn einmal als «eine so große moralische Figur und zugleich Mann mit so umfassenden und geradezu erleuchtenden Ideen, wie mir im Zweiten Weltkrieg auf beiden Seiten der Front kein anderer begegnet ist». In seinen Memoiren schildert er ihn als «einsam ringenden Menschen, einen der wenigen protestantischen Märtyrer unserer Zeit» – ein Bild, das Moltke in seinen Abschiedsbriefen wohl auch unwissentlich verstärkt hat.

Aber Moltke war kein einsam ringender Mensch. Er fühlte

sich, wie jeder, der im Dritten Reich seine moralische Integrität schützen wollte, in einer Welt des Verrats isoliert; die politische Isolation aber hat er in kongenialer Partnerschaft mit Peter Yorck von Wartenburg und dem ihnen verbundenen Kreis überwunden. Als die Freundschaft zu Yorck sich intensivierte, fiel, so Freya, alle Passivität, alle Lebensabgewandtheit von ihm ab, und er verwandelte sich wieder in einen tätigen Menschen. Eine vollständige emotionale Einsamkeit hat er ohnehin nie kennenlernen müssen. Nicht einen Augenblick hat Freya ihn daran zweifeln lassen, dass sie mit trug, was er tat, dass er damit seine Lebenserfüllung gefunden hatte, «von der man keinen Menschen abhalten kann», und dass sie durch die Entscheidung des bewussten Mittragens auch ihre eigene Freiheit gefunden hatte.

Nie auch war er nur der «Denker», als der er von Freisler verurteilt wurde. «Mein Mann wird so leicht befördert in das Gebiet, wo nur Geist und die Planung eine Rolle spielten, und da gehört er wirklich nicht hin», bemerkte sie in einem Interview fast ein wenig ungeduldig. Helmuth und Freya von Moltke waren sich nur allzu schmerzlich bewusst, was sie in einer Welt ausrichten konnten, in der das Verbrechen nicht die Ausnahme blieb, sondern zur Regel erhoben wurde. «Der Tag ist so voller grauenhafter Nachrichten, dass ich nicht in Ruhe schreiben kann. (…) In Serbien sind an einem Ort zwei Dörfer eingeäschert worden, 1700 Männer und 240 Frauen von den Einwohnern sind hingerichtet, das ist die ‹Strafe› für den Überfall auf drei deutsche Soldaten», schreibt er ihr im Oktober 1941. «Und das ist alles noch ein Kinderspiel gegen das, was in Russland geschieht. (…) Seit Sonnabend werden die Berliner Juden zusammengetrieben. Abends um 21.15 werden sie abgeholt und über Nacht in eine Synagoge gesperrt. Dann geht es mit dem, was sie in der Hand tragen können, ab nach Litzmannstadt und Smolensk. Man will es uns ersparen zu sehen, dass man sie einfach vor Hunger und Kälte verrecken lässt. (…) Darf ich denn das erfahren und trotzdem in meiner geheizten Wohnung am Tisch sitzen und Tee trinken? Mach ich mich dadurch nicht mitschuldig? Was sage ich, wenn man mich fragt: Und was hast Du während dieser Zeit getan?»

Nein, weder Helmuth noch Freya sind Menschen, die es bei einem moralischen Ringen belassen. Über Freyas Bruder Hans Deichmann, der als Angestellter der IG Farben nach Auschwitz-Monowitz fahren muss, erfahren sie, dass dort ein neues, riesiges Lager errichtet wird, in das Juden deportiert werden. Sich nicht in einem selbst verschuldeten oder wenigstens leicht zu pflegenden «Nicht-wissen-Können» zu belassen, empfinden sie als eine Pflicht – und das ist bereits eine größere Tat, als die meisten Menschen ihrer Zeit zu leisten vermögen. «Niemand kennt die genaue Zahl der Konzentrationslager oder ihrer Insassen», schreibt Helmuth in seinem Brief an Lionel Curtis. «Nur wenige Kilometer von unserem Gut entfernt gibt es ein Konzentrationslager [Groß-Rosen, Anm. S. T.]. Unser Landrat erzählte mir, er habe erst von der Existenz eines KZ in seinem Kreis erfahren, als er ersucht wurde, Maßnahmen anzuordnen, die das Übergreifen einer Typhus-Epidemie auf ein Nachbardorf verhindern sollten. Zu diesem Zeitpunkt bestand das Lager schon monatelang. Berechnungen über die Insassen schwanken zwischen 150 000 und 300 000. Niemand weiß, wie viele täglich umkommen.» Einmal, vermutlich im Sommer 1944, sieht Freya Insassen in KZ-Kleidung, die an der Begradigung der zu Hochwasser neigenden Peile unweit des Gutes arbeiten.

Das Gute vom Bösen zu unterscheiden und nicht daran irre zu werden; das Mögliche zu versuchen, wo immer sich eine Möglichkeit bietet, das sehen sie als ihre Aufgabe. Freya bleibt in Kreisau nicht viel mehr, als die russischen Kriegsgefangenen, die ihr zugeteilt werden, wenigstens mit ordentlichem Essen zu versorgen. Anderswo werden sie schikaniert, lässt man sie hungern oder an Krankheiten einfach verrecken. Helmuth stehen in der Abwehr mehr Möglichkeiten zur Verfügung. Zäh, unermüdlich, ohne auch nur ein einziges Mal nachzugeben, versucht er, Diplomaten im Auswärtigen Amt klarzumachen, dass sie sich unbedingt gegen die Deportationen von Juden wenden müssten, überredet Generäle in Belgien, Frankreich, Dänemark, auf Geiselerschießungen zu verzichten, warnt er, wenn er von bevorstehenden Deportationen hört, gibt er seine «gegenteilige Meinung zu Protokoll», auch wenn er weiß, dass er unterliegen wird, gibt sein Bestes, um wenigstens ein Millionstel der Verbrechen zu verhindern und angesichts des schier überwältigenden Mordens zumindest das Seine zu versuchen. Er hat nicht nur gedacht und für die Zeit nach dem Krieg geplant. Er hat Tausende Menschenleben gerettet.

War Moltke wirklich ein protestantischer Märtyrer? Das Christentum war den meisten Oppositionellen und Widerständlern ein Gegenpol, ein Gegengift zum verbrecherischen moralischen Elend des Nationalsozialismus. Je größer die Gefahr wurde, desto mehr war der Glaube nicht nur Überlebens- und moralische Orientierungshilfe, sondern ein Geschenk, mit dem man dem Tod leichter entgegensehen konnte. Freya hat sich im Gegensatz zur Familie ihres Mannes nie für «religiös begabt» gehalten. Sie hat die Wiedereinführung eines Tischgebets, um die ihr Mann aus dem Gefängnis bittet, um den Kindern frühzeitig Respekt vor der Schöpfung und den Menschen beizubringen, als ein doch zu oberflächliches Mittel abgelehnt. Überhaupt pflegt sie keine Erziehungsgrundsätze: «Ich habe meine Söhne nicht erzogen, ich hab's wachsen lassen. Und ich hatte nie Schwierigkeiten mit ihnen. Nie. N-I-E», sagt sie noch als über neunzigjährige Greisin, Großmutter und Urgroßmutter in einem Interview. Und so lässt sie ihren Söhnen auch keine ausgesprochen religiöse Erziehung angedeihen, den Zugang zum Christentum ihres Vaters sollen sie selbst finden.

Und dennoch hat sie sich, die allerdings für politische Religionen wie den Kommunismus nie Sympathie entwickelt hat, immer einen Sinn für den Glauben bewahrt. «All die Gefahren, die damals zu bestehen waren, konnte man eigentlich nur mit einem sehr starken Fundament, wie es das Christentum oder auch der Kommunismus war, ertragen», sagte sie in einem Interview mit Marion Dönhoff: «Der liberale Humanismus reichte dafür nicht aus.»

# VIERTES KAPITEL

# «So sicher schien es doch, dass wir wegmussten»: Wanderungen

Die alliierten Armeen rücken unaufhaltsam vor, das Ende des Wahnsinns ist denkbar nah. Aber der Tod macht noch reichlich Beute in diesen letzten Kriegsmonaten. Ohne Unterlass arbeiten die Guillotinen weiter, werden Menschen wegen eines «wehrkraftzersetzenden» Witzes getötet oder weil sie sich weigern, in einem längst verlorenen Krieg bis zum letzten Atemzug weiterzukämpfen. Im Osten befreit die Rote Armee die Vernichtungslager der Nazis, aber kurz vor dem finalen Untergang des «Tausendjährigen Reiches» werden Juden verhaftet und verschleppt, die Gefangenen der Lager in Todesmärschen quer durch Europa getrieben. Propagandaminister Joseph Goebbels, der mit Inbrunst bis zum Schluss an seinen Führer glaubt, rekrutiert noch eine Lumpentruppe von Alten und Halbwüchsigen, die mit ein paar Gewehren und Granatwerfern ihre Dörfer und Städte verteidigen sollen. Anfang Februar 1945 geht auf Berlin ein Bombenhagel nieder, in dem auch Roland Freisler den Tod findet. «Will Gott uns doch ganz handgreiflich zeigen, dass er seiner nicht spotten lässt?», fragt Harald Poelchau in einem Brief an Freya.

Wo kann sie in dieser Auflösung, in diesem Inferno einen sicheren Ort für sich und die Söhnchen finden? Soll sie zurück nach Osten, wenn die Rote Armee doch Soldaten, Frauen, Kinder wie eine riesige Bugwelle gen Westen vor sich hertreibt? «Nun bleibt nur die große Frage zu beantworten: Soll ich nach Kreisau zurück? Kann ich hierbleiben? Soll ich die Jungen auch herholen bzw. zu Edith [Edith Henssel, eine Buchhändlerin und Freundin in Berlin, Anm. S. T.]? Eigentlich kann ich Letzteres auch ab Freitag schon nicht mehr. Der Hauptsinn der Zugbeschränkung ist ja gerade die Abstoppung des Flüchtlingsstromes. Wie wird es Dir gehen, wenn Du nichts mehr von uns hörst, mich nicht mehr siehst und das Gefühl meiner so nahen Nähe nicht mehr hast? (…) Was, mein Jäm, soll ich tun? (…) Wenn wir Front werden, müssen wir doch weg. Welche Entschlüsse! Lebst Du nicht mehr, so würde ich noch fester an Kr. festhalten wie so. Ich habe aber doch das Gefühl, wir werden uns in den nächsten Tagen noch zu einer Entscheidung durchringen. Die zu Hause rechnen auch damit, dass ich nur kurz (in Berlin) bleibe und dann wieder nach Hause zurückkomme.»

Der Brief erreicht ihn nicht mehr, an diesem Nachmittag des 23. Januar wird er zur Hinrichtung geführt. Aber auch ohne Rat ihres Jäm weiß sie, dass sie nach Kreisau zurückgehen und so lange wie möglich dort ausharren will – selbst, wenn schon seit Wochen die Trecks aus Schlesien fortziehen. «Die armen, armen Menschen!», schreibt Freya ihrem Mann noch in die Todeszelle. «Vor allem die armen Mütter mit kleinen Kindern. Diese Kinderwagen, diese weinenden, frierenden Kinder vor Zügen, die sie nicht mehr aufnehmen können.»

Im Februar, nur zwei Wochen nach Helmuths Tod, zieht auch die hochschwangere Asta los, um sich nach Mecklenburg zu den Verwandten ihres Mannes durchzuschlagen. Freya begleitet sie im Pferdeschlitten nach Schweidnitz. «Sie saß im ersten Schlitten rückwärts, ich saß im zweiten Schlitten vorwärts, und ich sehe noch ihr trauriges, stilles Gesicht», schreibt sie in ihren Erinnerungen an «Die letzten Monate in Kreisau». «Immer wieder tauchte es auf, erfüllt von stummer Trauer. Was würde aus uns allen werden? – Dann zog der erste Schlitten an;

Astas Gesicht verschwand. Zehn Minuten später holten wir auf, und wieder tauchte ihr Gesicht auf mit dem gleichen Ausdruck. Dann fuhren sie alle ab.» Asta schafft es bis nach Mecklenburg. Ihren Mann Wend, der nach einem Unfall mit einem Armeefahrzeug verletzt in ein Lazarett kommt, von den Russen «überrollt» wird («kranke Männer waren für sie nicht interessant», so Freya) und sich schließlich nach Berlin durchschlägt, ohne zu wissen, ob und wo sich seine Frau in Sicherheit bringen konnte, wird sie zufällig in der Wohnung der Poelchaus wieder antreffen.

Zum Nachdenken ist in diesen Wochen und Monaten keine Zeit. Berghaus und Schloss sind überfüllt mit Menschen. Die einen ziehen los, wie die Leiterin der «Spielschule», Kinderschwester Ida, die Seele des Dorfes. Andere machen in Kreisau Zwischenstation, bevor sie ihren langen Weg antreten, wie Peter Yorcks Schwester Davida «Davy» von Moltke «mit ihrer ganzen Cortège, einer Tante, Köchin und Jungfer der alten Gräfin Yorck, die Mamsell und der Hauslehrer». Davidas Gut Wernersdorf ist bereits von den Russen eingenommen; Kreisau liegt – noch – abseits von der Front, die sich unaufhaltsam in Richtung Berlin bewegt. Im Berghaus trifft sie ihre Schwester Irene, «Muto», und Schwägerin Marion, die ruhelos zwischen Berlin, Schlesien und dem Landsitz von Verwandten in Mecklenburg unterwegs sind. Im Dachgeschoss des Schlosses lebt immer noch Romai mit den Kindern – und mit neuen «Untermietern»: In den Räumlichkeiten im Erdgeschoss hat sich eine «Versorgungseinheit» einquartiert, die von Kreisau aus für die Verpflegung der deutschen Truppen ein paar Kilometer weiter nördlich zu sorgen hat. «In der alten Küche des Schlosses hängen jetzt ganze Rinder, Schafe, Schweine und türmen sich die Würste.» Die «Bonbonsoldaten», wie die Kinder auf dem Hof sie nennen, sind famose Verteidiger des Dritten Reiches: «Diese Leute waren alle fett, vollgefressen und Nazis; sie schwatzen noch vom Sieg und einige Tage später davon, dass auf jeden Fall weiter gekämpft werde.»

Die dicken Nazis schwadronieren vom Kämpfen. Die Frauen versuchen, ihr eigenes und vor allem das Leben ihrer Kinder in der Ungewissheit so normal wie möglich zu gestalten. Zur Feier ihres vierunddreißigsten Geburtstags am 29. März 1945 singt Romai ihrer Freundin Freya ein Ständchen: «Ein' feste Burg ist unser Gott» und «Großer Gott, wir loben Dich». Am Nachmittag, dem Tag vor Karfreitag, färben sie gemeinsam Ostereier, abends liest Freya wie immer den Kindern vor. In der stillen Stunde zwischen Dämmerung und Nacht setzen sie sich ins Wohnzimmer – wo vor nicht allzu langer Zeit ganz heitere Männer über ein «Danach» berieten, das sie nicht mehr erleben sollten – und hören Johann Sebastian Bachs Matthäuspassion, die mit dem gewaltigen, aus den Tiefen der Seele seufzenden und doch so tröstlichen Schlusschor endet: «Wir setzen uns in Tränen nieder / Und rufen Dir im Grabe zu; Ruhe sanfte, sanfte ruh'! / Ruht, ihr ausgesognen Glieder! / Euer Grab und Leichenstein / Soll dem ängstlichen Gewissen / Ein bequemes Ruhekissen / Und der Seele Ruhstatt sein.» Am Ostersonntag, so Romai, «suchten alle die Ostereier und waren glücklich».

Im April, die russischen Truppen haben sich unweit der östlichen Stadtgrenzen Berlins um die Seelower Höhen massiert und bereiten den finalen Angriff auf die Hauptstadt des Dritten Reiches vor, verliert auch Freya für einen Moment die Nerven und beschließt, wenigstens die Kinder wegzubringen. Zusammen mit Romai, die schon im Winter per Ski auf Erkundungstour im nahen Riesengebirge unterwegs war und dort ein paar leerstehende Bauernhäuser als möglichen Unterschlupf entdeckt hat, packt sie tagelang Vorräte, bis schließlich sechs Kinder und Freyas Haushälterin Frau Pick zusammen mit einigen Kisten auf einem Pferdewagen verstaut werden und der kleine Zug loszieht. «Über den Pass hinweg öffnete sich der Blick über das Riesengebirge. Ich saß im Herzen der schlesischen Mittelgebirge und hatte um mich die ganze Schönheit dieser Landschaft, eine eigenartige Mischung von Zartheit und Strenge in Farbe und Form, von großer Weite und lieblicher Nähe.»

Bis Anfang Mai, bis sich die Rote Armee Straßenzug um Straßenzug bis zum Reichstag durchgekämpft hat, den sie kurioserweise für das Symbol des Nationalsozialismus hält, harrt Freya mit ihren Leuten im Riesengebirge aus. Dann wird sie unruhig und will wissen, ob nachziehende Truppen inzwischen auch ihr Kreisau erreicht haben. Sie belässt die Kinder in der Obhut Romais und radelt kurzerhand die ganze Strecke, etwa hundert Kilometer, wieder zurück. Gegen Abend endlich taucht der «Kapellenberg mit seinen Fichten auf, der Mühlberg mit seinem Akazien-Puschel, und nachdem ich den kleinen Ludwigsdorfer Rücken überstiegen hatte, lag Kreisau vor mir, winkte das Berghaus neben der großen Akazie. Es war zu schön, nach Hause zu kommen! Muto und Marion waren aus Mecklenburg zurück und nahmen mich in Empfang. Da war das Haus, mein Zimmer, mein Bett.» Diese einsame Frühlingsfahrt und das Glück des Ankommens sind zugleich ihr Abschied von dem Ort, der ihre Heimat wurde, seit sie ihn als junge Frau zum ersten Mal betrat. An jenem Abend, als sie endlich das Berghaus sieht, «hatte ich das Gefühl, dass sich das ganze Glück und der ganze Reichtum unseres Kreisauer Lebens noch einmal in mir zusammenfanden».

Tatsächlich erlebt sie den Einzug russischer Soldaten und das Ende dieses Krieges in ihrem Zuhause: «Es war ein toller Anblick. Primitiv wirkendes Material, Wagen hoch mit Beute beladen, zerschunden auch die Fahrzeuge, aber die Männer waren kraftstrotzend, gesund, stark – siegreich. Ein Strom von Vitalität ergoss sich durch das abseits gelegene Dorf Kreisau, dessen unzerstörte Brücke wichtig geworden war.» Freya sah gut aus, erinnerte sich Marion später, «Muto sowieso, und ich war nach der Haft auch wieder einigermaßen ansehnlich» (gemeint ist die Sippenhaft, in die sie vom 10. August bis Ende Oktober 1944 von der Gestapo genommen worden war). Dass es allerdings keine gute Idee war, diesen Zug geballter männlicher Vitalität ganz prominent zwischen den beiden Gladiatorenfiguren am Eingangstor Kreisaus zu beobachten, werden die drei Frauen nur allzu schnell feststellen. Um den «unangenehmen Rencontres» zu entgehen, wie Freya diskret die Vergewaltigungswut der russischen Soldaten umschreibt, müssen sie sich während der kommenden Nächte in den Scheunen umliegender Bauernhöfe verstecken. Vom angespannten Lauschen nach Stiefelschritten, von der unbequemen Bettstatt im doch recht kalten Stroh mal ganz abgesehen, leidet Freya außerdem auch noch unter Migräne und Kopfläusen. Aber den Russen können sie in der ersten Nacht nach dem Einzug der Sieger entgehen und auch in allen anderen Nächten, die sie – und die schließlich zurückgeholten Kinder – noch in Kreisau verbringen werden.

Abwarten, was wird – im Sommer ist tatsächlich so etwas wie Ruhe eingekehrt; die Felder werden bestellt, der Betrieb läuft wieder, als gäbe es kein unsicheres Morgen. Wie aber findet man Freunde und Familie wieder, wie sich in Verbindung setzen, wenn noch keine Post funktioniert und nur über das Radio (das die russischen Soldaten noch nicht «requiriert» haben) das Notwendigste zu erfahren ist? Im August hat Romai die mühevolle Reise nach Berlin auf sich genommen und ist mit einem halbwegs offiziellen und dringend benötigten Dokument für sich, Marion, Muto und Freya zurückgekommen, das sie in polnischer, tschechischer und russischer Sprache als «Frauen von Widerstands-kämpfern» ausweist und davor schützt, womöglich als Nazis verdächtigt und von den Russen in ein Lager gesteckt zu werden. Jetzt will auch Freya nach Berlin. Die «beste» Verbindung sind die Kohlezüge, die von der Bergwerkstadt Waldenburg in die zerbombte Stadt verkehren. Die Alliierten haben sich in Potsdam auf eine Nachkriegsordnung geeinigt; Schlesien wird polnisch werden. Noch mag man sich streiten, an welchem Teil der Neiße, die sich in Niederschlesien gabelt, die Grenze verlaufen wird. Doch Freya weiß: «So gut es uns bisher gegangen war, so sicher schien es doch, dass wir wegmussten.» Sie will Vorsorge treffen, und sie will versuchen, mit Hilfe der Alliierten den Kontakt zu ihrer Familie und ihren Freunden wiederherzustellen.

In Berlin quartiert sie sich in der guten alten Hortensienstraße ein, die SS-Bewohner waren wohl in Hast geflohen, und ein altes Ehepaar, das Klempnerarbeiten für die Yorcks erledigt hatte, kümmert sich nun um das Haus. Sie wendet sich an die britischen und amerikanischen Kommandanturen, fragt sich entschlossen durch und lernt Allen W. Dulles, den Chef der europäischen Vertretung des amerikanischen Nachrichtendienstes OSS (Office of Strategic Services) und dessen rechte Hand, Gero von Schulze-Gaevernitz, kennen – dessen Vater Gerhard wiederum zur Löwenberger Arbeitsgemeinschaft gehört hatte. «Sie alle wussten von uns», erinnert sich Freya, und das bedeutet: Sie wussten, vermutlich hatte Eugen Gerstenmaier es ihnen mitgeteilt, von der Arbeit des Kreisauer Kreises und von Helmuths Tod. Wieder setzt sie sich hin und schreibt Briefe, die mit Dulles' Hilfe versandt werden. An ihren Bruder Carl, den sie in der Schweiz weiß, an Lionel Curtis in London, an ihren Schwager Willo in Boston, an die amerikanische Journalistin und alte Freundin ihres Mannes Dorothy Thompson. «Dear Dorothy,

You will have heard, that Helmuth has been killed. He has been fighting Nazism fervently, as he has always done. (…) To have been so close to him and with him these 4 months has made me stronger to bear the separation, but it is very hard to see now, how much Helmuth and his friends are wanted, though it will always be a credit to Germany that they died, and the way they died …»

Diese Briefe kommen recht schnell an, der Brief an ihre Mutter nach Bad Godesberg dagegen, den sie einem Flüchtling mitgibt, wird erst Monate später sein Ziel erreichen.

## «Reiale, komm, die Engländer sind da!»

Schulze-Gaevernitz wird wenige Wochen später (Freya ist nach dreitägiger, abenteuerlicher Reise wieder in Kreisau angekommen) in einem amerikanischen Sportwagen dort auftauchen, sich ein genaues Bild von den Verhältnissen in Schlesien machen – man will schließlich wissen, was Russen und Polen dort vorhaben – und den großen Packen von Helmuths Briefen mitnehmen, den Freya immer noch versteckt in den Bienenstöcken hütet. Aber er kann sie nicht dazu überreden, Berghaus und Gut endlich zu verlassen.

Im Oktober, Romai ist mit ihren Kindern ebenfalls schon in den Westen übergesiedelt, das nahe Schweidnitz sowie viele der umliegenden Höfe und Dörfer werden schon längst von Polen bewohnt, kommt noch einmal überraschender Besuch: «Mr. Hancock und Mr. Finch von der englischen Botschaft in Warschau», die gemütlich in der Berghausküche sitzen, als Freya gerade vom Gang über die Felder zurückkehrt. «Wie mich nach all den Kriegsjahren diese Herren mit ihren englischen Hemden, englischen Röcken und ihrer englischen Art beeindruckten», notiert sie. Im vornehmen Oberklasse-Englisch erklären die Gentlemen dieser Gräfin in Gummistiefeln, dass ihr Brief an Lionel Curtis bis zu Außenminister Ernest Bevin vorgedrungen sei und dass sie doch, bitte schön, ihr Landgut baldigst verlassen müsse. Ein wenig Organisationsarbeit sei noch vonnöten, dann hätte man das Notwendige arrangiert.

An einem sanften, sonnigen Oktobertag, Freya, die sich irgendwie auf dem weitgehend verlassenen Hof beschäftigt, «obwohl doch gar nichts mehr zu tun war», ist gerade im Schweinestall, da kommt der achtjährige Caspar über den Hof gelaufen: «Reiale, komm, die Engländer sind da!» Und dieses Mal sind es nicht nur zwei vornehme Herren in feinem Zwirn; gekommen ist eine kleine Militäreinheit, die nur mit Mühe davon abzuhalten ist, draußen ihre Zelte aufzuschlagen, anstatt in den bequemen Betten des Berghauses zu nächtigen.

Die Rettung der Gräfin Moltke, ihrer Kinder und des beweglichen Teils ihrer Habe aus den Gebieten hinter der neuen Ost-West-Grenze haben sie jedenfalls geplant wie eine Forschungsexpedition. Effizient und wohlorganisiert wird die Ladung auf einen kleinen Militärlastwagen gepackt. Den Anweisungen der britischen Officers zum Trotz lässt sich Freya auch noch ein paar Koffer der wenigen verbliebenen Dorfleute mitgeben, dann passiert der Laster das Hoftor. Am späten Abend ist die kleine Familie in Berlin.

Fünfzehn sehr glückliche Jahre hat sie in Kreisau verbracht. Fünfzehn Jahre wird es dauern, bis sie wieder eine neue Verwurzelung findet.

Den Krieg, den Treck, die fremden Soldaten, die immer freundlich zu den Kindern sind, vor allem zu Konrad mit dem dunkelblonden Lockenkopf, haben Freyas Söhnchen bisher wie ein großes Abenteuer erlebt. In Berlin aber sieht nichts nach einem großen Abenteuer aus. Von manchen Straßenzügen sind nur die Fassaden, von anderen nur noch riesige Schuttberge geblieben, auf denen in langen Ketten aufgereihte, in dicke Jacken eingemummelte Wesen einander in bizarr gleichmütiger Bewegung Eimer für Eimer Geröll weiterreichen. Auf den Straßen dieser Stadt, die wie so viele andere eigentlich nur noch Erinnerung ist, wärmen sich Menschen etwas Essbares über offenen Feuerstellen, als sei die Steinzeit in das 20. Jahrhundert zurückgekehrt. Leere Fensterhöhlen sind notdürftig mit irgendeinem Stück Pappe, mit Brettern oder sonst einem greifbaren Material verklebt, das die Herbstkälte einigermaßen draußen halten soll. Nach Angehörigen suchen, Essen und etwas Heizbares beschaffen, die nächste Nacht, den nächsten Tag irgendwie überstehen – das ist, was die meisten Menschen beschäftigt.

Der Stadtteil Lichterfelde ist einigermaßen intakt geblieben, noch immer ist das Haus der Yorcks eine Oase der Ruhe. Freya liebt Berlin, hat es immer geliebt, seit sie hier mit Helmuth die glücklichen Monate ihrer studentischen Zweisamkeit verlebt hat. In der Hortensienstraße oder in der Wohnung ihrer Freunde Harald und Dorothee Poelchau, ihrem Heim während des intensiven Abschieds von ihrem Mann, ist seine Nähe noch spürbar. Aber ein Ort für ihre Kinder, in dem sie ein normales Leben führen und zur Schule gehen könnten, ist Berlin gewiss nicht. «Dann haben mich meine Brüder gesucht. Die hatten den Krieg überlebt und waren besorgt um mich. Einer [Hans, Anm. S. T.] lebte in Frankfurt, der andere [Carl, Anm. S. T.] hatte sich vernünftigerweise in die Schweiz abgesetzt. (...) Da ich in erster Linie das Wohl meiner Söhne im Sinne hatte, war natürlich die Schweiz eine wunderbare Vorstellung. Sie könnten da essen und in die Schule gehen und es vollkommen normal haben. Abzulehnen, in die Schweiz zu gehen, wäre unmöglich gewesen, unverantwortlich gegenüber diesen Kindern. So war ich, es ist kaum zu glauben, wirklich zu Weihnachten 1945 bei meinem Bruder in Bern.»

Das letzte gemeinsame Weihnachtsfest mit Helmuth James hat Freya 1943 gefeiert. In jenem Jahr war Helmuths jüngster Bruder Carl Bernd im Krieg gefallen, waren die fünf Kinder von Editha und Hans-Carl von Huelsen zu Waisen geworden, hat Caspar mit einer schweren Lungenentzündung in einer Breslauer Klinik gelegen. Das Weihnachtsfest 1944 verging, während sie um Helmuths Leben bangte. In Bern, in dem am wohlsten geordneten Land Europas, dem es so trefflich gelungen war, sich aus dem Chaos Europas herauszuhalten (das jedenfalls versichern sich die Schweizer gegenseitig), muss ein Weihnachtsfest in Frieden für sie wahrlich wie ein Wunder gewirkt haben.

## Die Abrechnung

Jahrelang haben die Freunde um Moltke und Yorck dem Tag entgegengefiebert, an dem der ganze Spuk vorbei wäre, sie haben Pläne geschmiedet und bis in Details darüber diskutiert, wie ein neues Deutschland aufzubauen wäre. In der Praxis ist das alles nicht so einfach. In Nürnberg hat am 20. November 1945 das Internationale Tribunal gegen die Hauptkriegsverbrecher begonnen, noch wird es von den vier Alliierten gemeinsam durchgeführt. Die Kreisauer hätten sich einen Prozess gegen die «Rechtsschänder» mit deutscher Beteiligung gewünscht, schon um zu zeigen, dass auch Deutsche den verbrecherischen Charakter des Nationalsozialismus erkannt haben und buchstäblich verurteilen. Aber sie sind nur als Verteidiger zugelassen, nicht als Richter – angesichts des durch und durch korrumpierten Justizapparates wäre etwas anderes auch kaum denkbar gewesen.

Freya sieht in den Nürnberger Prozessen dennoch einen gelungenen Neuanfang – und steht mit dieser Meinung ziemlich allein da. Die meisten Deutschen verstehen das Tribunal als «Siegerjustiz» nach einem Krieg, in dem sich doch irgendwie alle schuldig gemacht hätten. Ganz so, als wäre es nicht Deutschland gewesen, das einen Vernichtungskrieg gegen alle Männer, Frauen und Kinder geführt hat, die nicht der «arischen Herrenrasse» angehörten. Eine ganze Gesellschaft, bis in jede einzelne Familie hinein, war daran irre geworden, Gut und Böse zu unterscheiden.

Wie sollte man etwas Gesundes, Standfestes aufbauen in diesem zutiefst zerstörten, moralisch und politisch völlig korrumpierten Land, in dem sich Trennlinien so einfach nicht mehr ziehen lassen – auch in Freyas Familie, unter Freyas Freunden nicht?

Da wäre Onkel Georg von Schnitzler, Bruder ihrer Mutter Ada. Zusammen mit seiner Frau Lily gehörte er zu den größten Kunstförderern Kölns. In ihrem Haus traf sich die Avantgarde der zwanziger Jahre, ihnen gehörte eine der größten Sammlungen von Gemälden des expressionistischen und im Dritten Reich als «entartet» geltenden, verbotenen und emigrierten Künstlers Max Beckmann; sie hatten auch Helmuths Bruder Jowo, den Kunsthistoriker, gefördert, der von der Weltläufigkeit des Hauses schwer beeindruckt war. Aber Georg von Schnitzler hat als Vorstandsmitglied der IG Farben auch den Wahlkampf der NSDAP im Februar 1933 mitfinanziert, war 1934 der SA beigetreten und trug als Betriebsführer des Verwaltungsgebäudes der IG Farben in Frankfurt Mitschuld an der Ausbeutung von Zwangsarbeitern in Auschwitz-Monowitz. Im Betrieb des Onkels arbeitete auch Freyas Bruder Hans, der nach dem Tod des Vaters das Jura-Studium nicht mehr finanzieren konnte und deshalb eine kaufmännische Lehre begonnen hat. Als Prokurist der Firma war er in Rom tätig, bis er 1942 den Auftrag erhielt, Chemiearbeiter für den Bau eines riesigen Werks in der Nähe von Kattowitz zu rekrutieren. Zehnmal ist er von 1942 an nach Auschwitz gereist; dort hörte er auch davon, dass in einem weiteren Lager planmäßig Juden getötet werden. Nach der Rückkehr von seiner ersten Reise schloss er sich der italienischen Resistenza an.

Georg von Schnitzler wird man 1947 im Nürnberger «IG-Farben-Prozess» unter anderem wegen «Plünderung und Raub» anklagen und am Ende wegen der Ausbeutung französischer und polnischer Chemiebetriebe zu fünf Jahren Haft verurteilen. 1949 wird er unter Anrechnung seiner Untersuchungshaft vorzeitig entlassen. Hans ist aus Italien nach Ende des Krieges so schnell wie möglich nach Frankfurt zurückgekehrt, um beim Aufbau dieser neuen Gesellschaft zu helfen. Ernüchtert darüber, wie wenig ein Neuanfang zu gelingen scheint, legt er sein Amt als Vorsitzender einer Entnazifizierungs-Spruchkammer in Frankfurt jedoch bald wieder nieder und kehrt nach Italien zurück, wo er bis zu seinem Tod im Jahr 2004 leben wird.

Und wie steht es mit Onkel Carl Viggo, diesem schwierigen Mann, über dessen Opportunismus sich Helmuth in seinen Briefen so verzweifelt verachtungsvoll geäußert hat, der aber mit allen Mitteln versuchte, das Leben seines Neffen zu retten? Er trifft nach der Entlassung aus britischer Kriegsgefangenschaft seine Frau und deren verwitwete Schwester Dosy in Schleswig-Holstein wieder. Auch sie waren mit Dosys fünf kleinen Kindern im eiskalten Januar getreckt, den erst sieben Monate alten Justus (aus dem später der Pianist Justus Frantz wird) unter Türme dicker Kissen gepackt, während seine Schwester Monika immer wieder sorgenvoll nachsieht, ob der Kleine nur ja nicht darunter erstickt. Jetzt will sich der Onkel mit seiner kinderlosen Frau Frede Ilse der Kinder annehmen. Soll sie Carl Viggo, der im Traum nie daran gedacht hat, sein Richteramt unter den Nationalsozialisten aufzugeben, jetzt das weitere Berufsleben verderben, oder soll sie ihm glauben, dass er seine moralische Blindheit dem Nationalsozialismus gegenüber spätestens nach dem Todesurteil für Helmuth endlich bedauert? Mit Hilfe ihrer positiven Aussage erhält er den Persilschein und damit den faktischen Freispruch als «Mitläufer» vor dem Entnazifizierungsausschuss, der es ihm erlaubt, auch später in Kiel wieder das Richteramt zu bekleiden. Freya hat ihm nicht vergessen, dass er bis zu Roland Freisler vorgedrungen ist, um sich für ihren Mann zu verwenden.

Selbst in der ruhigen Schweiz hat sie sich ganz unmittelbar

mit diesen Fragen zu beschäftigen. Weihnachten haben sie und die Kinder mit ihrem Bruder gefeiert, aber untergebracht sind sie bei Carls alter Freundin Ilsemarie «Illemie» Steengracht von Moyland und ihrem Sohn Adrian, der so alt ist wie Caspar. Ihr Mann Gustav Adolf wiederum sitzt in amerikanischer Gefangenschaft, wo er Auskunft über die Auslandsbeziehungen des Dritten Reiches und die Arbeit des Auswärtigen Amtes geben soll. Während Ilsemarie dem Nationalsozialismus gar nichts abgewinnen konnte, hatte Steengracht als ausgebildeter Jurist unter Joachim Ribbentrop Karriere gemacht. Der ernannte ihn 1943 zum Nachfolger Ernst von Weizsäckers als Staatssekretär im Auswärtigen Amt. Er sei ein Karrierist, ein Kretin, der von Außenpolitik keine Ahnung habe, rümpfte man im Auswärtigen Amt die Nase, nachdem er die Position des ranghöchsten Diplomaten nach Ribbentrop eingenommen hatte. Aber in jenem Jahr 1943 suchte Steengracht auch das Gespräch mit Helmuth James von Moltke, um zu sehen, wie «sich in dieser späten Stunde noch blödsinnige Untaten verhindern lassen». Weiter führte die Sache nicht. «Man hat in etwa den Eindruck, dass er nicht mehr will, sondern sich in das Unvermeidliche fügt», hatte Moltke damals seiner Frau berichtet. Aber Steengracht ist es auch, der sich ganz im Gegensatz zu vielen seiner Kollegen im Auswärtigen Amt bemüht, das Leben seines Kollegen Adam von Trott zu Solz und Helmuth von Moltkes zu retten.

Steengrachts einstiger Förderer Joachim Ribbentrop wird vom Nürnberger Strafgerichtshof am 1. Oktober 1946 wegen Verbrechen gegen den Frieden, Kriegsverbrechen und Verbrechen gegen die Menschheit zum Tod verurteilt und am 16. Oktober hingerichtet. Freya versichert in einer schriftlichen Aussage: «Steengracht hat nicht gewusst, so doch fraglos geahnt, dass der Sturz Hitlers geplant war und dass Vorbereitungen für die Zeit nach dem Ende des Hitler-Regimes im Gange waren. Er hat auch gewusst, von welcher Seite diese Versuche kamen und dass Peter Graf Yorck, ein Studienfreund, und mein Mann daran beteiligt waren. (…) Nach dem Attentat vom 20. Juli 1944 hat sich Steengracht mit besten Kräften für die Rettung Yorcks und meines Mannes eingesetzt. (…) Sein Einsatz galt weniger einem Freund als der Sache, und bewies Mut. Ich persönlich denke mit großer Dankbarkeit an Steengrachts Hilfe in den Monaten vor der Hinrichtung meines Mannes.» Ganz offensichtlich trägt ihr Zeugnis zunächst zu einer Entlastung Steengrachts bei. 1949 aber, Freya lebt schon in Südafrika, wird er im «Wilhelmstraßenprozess» doch noch zu sieben Jahren Haft verurteilt. Seine Frau hat sich zu diesem Zeitpunkt schon von ihm getrennt.

## Wie geht es weiter?

Berichte schreiben, Menschen mit einem Leumundszeugnis helfen, die ihr geholfen haben, ohne bitter auf deren frühere Verfehlungen zu sehen, das ist Freya nicht genug. «Ich war noch unruhig und den Menschen sehr verbunden, mit denen ich die ganze Zeit durchgemacht hatte, die zum Teil in Berlin lebten und die ich auch wiedersehen wollte. Auch meine Mutter wollte ich in Ruhe besuchen.» Und so lässt sie ihre Kinder in der Obhut Ilsemarie Steengrachts, die Caspar als «freundlich, aber sehr streng» erinnert, und begibt sich wieder auf eine ihrer abenteuerlichen Reisen nach Berlin und Westdeutschland. Dass ihre Mutter so viel unterwegs ist, nehmen ihr die Kinder nie übel. Freya ließ sie eben «wachsen», und Caspar lässt nicht den geringsten Zweifel erkennen, dass sie sich trotz des Verlusts des Vaters und der Abwesenheit der Mutter nie verloren gefühlt haben: «Wir hatten eine durchweg glückliche Kindheit», wird er als Erwachsener erzählen.

Von Bern aus muss Freya durch die französische, die amerikanische und schließlich durch die russische Besatzungszone reisen, was ihr ganz offensichtlich ohne größere Zwischenfälle gelingt, aber Tage in Anspruch genommen haben muss. Natürlich zieht es sie in Berlin wieder zu Harald und Dorothee Poelchau in die Afrikanische Straße; dort, wo sie ihre letzten Briefe an ihren Mann geschrieben hat, fühlt sie sich Helmuth James immer noch am nächsten. Poelchau, dieser unermüdlich Helfende, hat sogleich einen neuen Auftrag für sie: «Guck doch mal, was die Barbara in Mecklenburg macht», und drückt ihr gleich noch ein Diphtherie-Serum in die Hand, das sie der Witwe Hans Bernd von Haeftens mitbringen soll. Dass sie in kaputten, überfüllten Zügen noch weiter in der Sowjetischen Besatzungszone unterwegs ist, das ist ihr ja schon Routine und macht ihr offensichtlich nicht mehr viel aus. «Da bin ich, was ich gerne wieder romantische Verhältnisse nenne, nach Mecklenburg gefahren und habe sie aufgesucht.» Und was macht Barbara von Haeften, die von Freya bislang nur über ihren Mann und von Marion wusste, mit der sie nach dem 20. Juli und nach der Hinrichtung Yorcks und Haeftens gemeinsam in Sippenhaft saß? Sie gibt ihr kurzerhand zwei ihrer fünf Kinder nach Berlin mit. In Mecklenburg wird sie nicht bleiben können, zu deutlich zeichnet sich ab, dass die Sowjetunion dort ein kommunistisches Regime installieren wird. Sie will nach Berlin und sich «dort in irgendeiner Weise wieder einem normalen Leben anschließen».

Einem normalen Leben anschließen? Soll Freya das auch versuchen – in der Schweiz, wohin sie nach wochenlanger Abwesenheit wieder zurückkehrt? Und wie denn? Als Juristin kann sie nicht arbeiten, ihr fehlt das Assessor-Examen. In Deutschland würde sie sich gerne politisch betätigen, vielleicht als Bürgermeisterin. Aber es gibt keinen Ort mehr, an dem sie verwurzelt wäre, zu dem sie gehört, dessen Bewohner sie kennen. Viele der Überlebenden aus dem Kreisauer Kreis machen sich jetzt an den Aufbau einer neuen Gesellschaft. Eugen Gerstenmaier, der von Roland Freisler wundersamerweise nicht zum Tod verurteilt worden ist und im April 1945 von den Amerikanern aus einem Gefängnis im oberfränkischen Bayreuth befreit wurde, organisiert das Hilfswerk der Evangelischen Kirche Deutschlands. Er wird zusammen mit Hans Lukaschek, Otto Heinrich von der Gablentz, Paulus van Husen und Theodor Steltzer zu den frühen Mitbegründern der Christlich-Demokratischen Union gehören. Gerstenmaier sorgt dafür, dass die Witwen der im Zusammenhang mit dem Attentat vom 20. Juli hingerichteten Männer eine Rente erhalten, wenn auch nur eine winzige. (Die Pensionen für die Beamten, die im NS-Apparat verblieben waren, sowie deren Ehefrauen und Witwen werden sehr viel höher ausfallen.) Aber niemand kommt auf die Idee, die Frauen des Widerstands – sie, die in all diesen Monaten Überlebenswillen, Geradlinigkeit, Mut, Tatkraft und Organisationstalent für sich und ihre Kinder bewiesen haben – um eine aktive politische Teilnahme zu bitten. In einem Land, in dem viele Millionen Menschen im Kampf für Hitler gefallen sind, interessiert sich kaum jemand für jene wenigen, deren Männer im Kampf *gegen* ihn gestorben sind.

Als kein Geringerer als Jan Christiaan Smuts, Freund Helmuths von Großvater James Rose Innes und damaliger südafrikanischer Premier, Freya ein zweites Mal einladen lässt, doch nach Kapstadt zu kommen, nimmt sie schweren Herzens an.

## «In Südafrika waren die Moltkes völlig uninteressante Leute»

«Es geht uns ganz marvellously», schreibt Freya in wilder deutsch-englischer Mischung im Januar 1947 vom Schiff nach Kapstadt an ihren Schwager Willo in Boston. «Marvellously», das ist wohl eine großartige Übertreibung. Die Großeltern Rose Innes leben nicht mehr – Jessie ist 1942 gestorben, ihr Mann James ein Jahr nach ihr. Freya kennt niemanden in Südafrika, aber sie vertraut wie immer darauf, dass sich die Dinge fügen werden. Ein Startkapital hat sie: «Mein Mann hatte sich wieder einmal als außerordentlich zukunftsfähig erwiesen» und seinen Großeltern geraten, ihr Geld in einer Treuhandgesellschaft für die deutschen Enkelkinder anzulegen. So kann es während des Krieges nicht als Vermögen von feindlichen Ausländern beschlagnahmt werden. Ihre Söhne erben einen der fünf Anteile, die für Dorothys Kinder angelegt wurden. Das reicht, um sie durchzubringen.

Im Vergleich zu dem Land, das Freya gerade hinter sich gelassen hat, muss Kapstadt ihr fast wie ein Paradies vorkommen. Auch bleibt sie nicht lange allein. Ein knappes Jahr nach ihr ziehen Helmuths Geschwister Asta und Jowo hinterher. In einer Vorstadt Kapstadts wohnen die drei Familien in hübschen, weißgetünchten Häusern mit gepflegten Gärtchen in unmittelbarer Nähe zueinander, Jowos Tochter Dorothy und Astas Sohn Philipp werden im Abstand von nur wenigen Wochen dort geboren.

Willo, inzwischen Staatsbürger der USA und noch ledig, schwebt ein noch engerer, geradezu biblischer Familienzusammenhalt vor; er könne Freya, die Witwe seines älteren Bruders, doch heiraten und in Zukunft für die Söhne sorgen, schlägt er ihr brieflich vor. Das lehnt sie in ihrer Antwort an den «liebsten Wolli», wie sie den Schwager wegen seines dichten Nackenhaares zärtlich nennt, sehr rücksichtsvoll, aber doch entschieden und ein wenig amüsiert ab. Sie will nicht wieder heiraten.

Aber vielleicht hatte Willo intuitiv etwas begriffen: Früher war Helmuth seinen Geschwistern das große Vorbild, der Verantwortungsvolle. Nun wird Freya zum Mittelpunkt der Familie. Nicht «qua Amt», nicht allein, weil sie die Frau des ältesten Bruders ist, sondern weil ihr diese Position einfach zufällt. Weil man sich gerne um Rat an sie wendet. Weil sie immer zugänglich und hilfsbereit ist. Weil Helmuth ihr mit den Monaten des Abschieds eine unbeirrbare Stärke mitgegeben hat, ein Richtmaß, ein Wissen um das, was wirklich wichtig ist, das sie niemals in ihrem Leben mehr verlieren wird. Und weil sie die letzte Kreisauerin ist. Jetzt, in Südafrika, führen Freya und Dorothys Kinder die Aufgabe fort. Kreisau ist in ihnen lebendig. Selbst die in Kapstadt geborenen Enkelkinder, die den Ort nie erlebt haben, müssten nicht einmal die Augen schließen, um sich vorzustellen, wo man die Kuhfurt an der Peile überqueren muss, um die Abkürzung zum Berghaus hinaufzusteigen; wie es klingt, wenn der Fluss hinter dem Schloss vorbeifließt; wie die Akazie vor dem Berghaus in der Frühjahrsblüte duftet; wie das Licht am Abend schräg durch die Verglasung der großen Veranda fällt. Nie jedoch herrscht ein Zweifel über eine Grundtatsache: Kreisau ist eine wunderbare Erinnerung – aber eben genau das, eine Erinnerung und nicht mehr im Besitz der Familie. Das Kreisau der Vergangenheit gehört ihnen. Das Kreisau der Gegenwart gehört anderen.

Es ist ein geordnetes Leben, das Freya in Kapstadt führt. «In Südafrika», sagt sie einmal in einem Interview, «waren die Moltkes völlig uninteressante Leute. Das war auch sehr gesund so.» Konrad und Caspar besuchen eine englische Schule, die deutsche ist Freya zu sehr vom Nationalsozialismus infiziert – erstaunlich, wie sich diese Pest auch in den deutschen Gemeinschaften im Ausland ausbreiten konnte. Da die Söhne bis zum Nachmittag versorgt sind, nimmt Freya eine Tätigkeit als Fürsorgerin für Behinderte auf. Zu ihrer Erleichterung trennt man in dieser Einrichtung nicht zwischen Weißen, Schwarzen und Farbigen. Allerdings nicht so sehr aus Toleranz, sondern weil es keine schwarzen oder farbigen Betreuer gibt.

Südafrika in diesen Jahren erlebt den Beginn des wahnwitzigen Versuchs, das Leben an der Südspitze dieses so ursprünglichen Kontinents bis ins kleinste Detail zu ordnen, als ließe sich ein ganzes Land aufräumen wie ein Museum. In den Vierteln der Weißen leben keine Angehörigen anderer «Rassen», sie arbeiten dort höchstens als Köchinnen, Zugehfrauen oder Kindermädchen. Man pflegt das britisch-demokratische Erbe, doch ein Erbe, das nur für Weiße und höchst eingeschränkt für Farbige der Mittelklasse wie indische Einwanderer gilt. Schwarze werden im besten Fall behandelt wie Kinder, auf die man aufpassen muss und die angeblich noch so tief in ihren archaischen Traditionen stecken, dass «Apartheid», eine von den Weißen getrennte Entwicklung in möglichst abgelegenen Stammesgebieten, wohl am vernünftigsten scheint. In diesen Jahren beginnt die strikte «Rassentrennung».

Glücklich sieht Freya auf den Bildern jener Jahre nicht aus, eher ein wenig streng mit ihren knapp vierzig Jahren, den hochgeschlossenen Kostümen und dem sorgfältig zurückgesteckten Haar. Das Lachen aus vollem Hals, mit dem sie so ansteckend wirken kann, dieses Lachen, das sie auf den Fotos der zwanziger, auch der dreißiger Jahre und dann erst wieder in den späten fünfziger Jahren und bis an ihr Lebensende zeigen wird, das fehlt. Es ist, als wäre es in diesem so geordneten Leben, das so weit weg von ihren Freunden stattfindet, verschüttet worden. Südafrika ist ein Paradies, allerdings nur für jene, die sich mit einer solchen Ordnung arrangieren wollen. Aber wirklich zu Hause fühlt sie sich dort nicht. «Für junge Kinder ist das ein herrliches Land», schreibt sie einem Freund wenige Monate nach der Ankunft in Südafrika. «Luft. Sonne, Raum, reichliche Nahrung und unbelastete (auf Dauer zu unbelastete) Atmosphäre. Aber ich komme mir hier etwas verbannt vor. Hier ist niemand, der verstehen kann, was wir erlebt haben und wie wir denken und dass ich eine unglaublich reiche und kostbare Vergangenheit habe und auch heute noch eine sehr glückliche und wohlhabende Frau bin. Ich habe große Sehnsucht, nach Hause zu kommen und in der Nähe meiner Freunde weiter zu leben.»

## Die Einladung nach Amerika

Die Möglichkeit, über ihre reiche und kostbare Vergangenheit zu sprechen – und während eines Zwischenstopps der damals noch langen und mühseligen Flugreise von Kapstadt nach New York sogar endlich ihre Freunde in Berlin zu sehen –, bietet sich ihr 1949. Eine Freundesgruppe von Angehörigen des Widerstands in den USA sucht jemanden, der Vorträge über den Widerstand halten kann, um damit Geld für die Familien, vor allem die Kinder der getöteten Regimegegner zu sammeln. In der inzwischen gegründeten Bundesrepublik gibt es immer noch keine ausreichenden Rentenzahlungen. «Sie brauchtes jemanden, der Englisch sprach, der damit zu tun hatte und möglichst eine Frau war. Da das alles auf mich zutraf, bekam ich einen Brief, ob ich nicht in die USA fahren wollte, um über Deutschland zu reden.»

In ihren Handzetteln kündigen die Organisatoren neben einem Bild Freyas an ihrer Schreibmaschine eine «Deutsche des Naziwiderstands» an. Und nicht nur das: Die «Countess» sei außerdem eine «attractive, very capable woman, deeply sincere, sunny-natured in spite of her experiences, quick-witted and well able to respond to question periods.» Auch die berühmte Journalistin Dorothy Thompson und Allen Dulles, inzwischen Präsident des hoch angesehenen «Council on Foreign Relations» in New York, verwenden sich für sie: «Die Gräfin war mehr als die Ehefrau des Helden von Moltke», wird Dulles auf den Programmankündigungen zitiert, «sie war seine ganz enge Mitarbeiterin, seine nimmermüde Kameradin, die einzige Frau, die bei den Treffen des Kreisauer Kreises anwesend war, eines Kreises bekannter und die Freiheit liebender Kirchenmänner, Intellektueller, Gewerkschaftsführer und Armeeoffiziere, die hofften, das Naziregime stürzen zu können.» Als historisch völlig korrekt wird man Dulles' «endorsement» kaum bezeichnen können – aber es diente einem guten Zweck.

Nur leider vergebens. Die Reise ist ein Flop, man interessiert sich in den USA wenig für den deutschen Widerstand. Und wo man sich dafür interessiert, wie in New York, wird Freya missverstanden. Dass sie sich dafür ausspricht, «jetzt nicht Gleiches mit Gleichem zu vergelten und mit den Deutschen zusammenzuarbeiten, damit man das schreckliche Flüchtlingsproblem lösen kann», entspringt einer ihr grundsätzlich eigenen Empathie für andere. Das deutsch-jüdische Publikum, das zu ihrem Vortrag kommt, Menschen, die in letzter Minute flüchten konnten und Angehörige verloren haben, ist für Mitleid mit einem höchstens zweifelhaft geläuterten Volk jedoch noch nicht zu haben. «Es gab dann Diskussionen, und das Sprechen wurde mir oft sehr schwer.» Geldbeträge für die armen Waisen des Widerstands hat sie ebenfalls nicht in allzu schwindelnder Höhe einsammeln können. «Wenn mir nicht eine Freundin dazu verholfen hätte, dass mir drei Kirchen je 1000 Dollar schenkten – da habe ich meinen Mund gar nicht aufgemacht –, dann wäre überhaupt nichts rausgekommen.»

Immerhin aber hat sie während ihres Zwischenstopps in Deutschland, «wo alles noch recht schlecht und schwierig war», ihre Freunde treffen können. Und noch wichtiger: In den Staaten sieht sie nicht nur ihren Schwager Willo wieder, sondern auch einen Bekannten ihres Mannes aus den zwanziger Jahren. Ehemalige Studenten, nein, Verehrer des Breslauer Gelehrten Eugen Rosenstock-Huessy bitten sie, den Mann in seinem Exil in Vermont aufzusuchen, wo er am Dartmouth College lehrt. Ein Geist wie der seine, solle sie ihm ausrichten, werde dringend in Deutschland gebraucht. Es ist kaum Zeit in ihrem dichten Reiseprogramm, aber für einen Abend wenigstens fährt Freya hin zu ihm und seiner Frau nach Norwich; sie erzählt ihm vom Kreisauer Kreis, den er im Grunde so unwissentlich wie maßgeblich inspiriert hatte; ganz bestimmt ist sie von dem sprachmächtigen, geradezu sprachzärtlichen Mann beeindruckt, wird sie doch die von den Nazis so misshandelte deutsche Sprache immer lieben und als ihre feste Verbindung zu ihrem Herkunftsland empfinden. Schon am nächsten Tag ist sie wieder unterwegs. Den Mann, mit dem sie vierzehn Jahre ihres Lebens verbringen wird, trifft sie erst 1956 in Berlin wieder.

# Rückkehr nach Deutschland

Es ist nicht genau zu sagen, wann in Freya der Wunsch wächst, das zu tun, was Rosenstocks Schüler sich von ihrem verehrten Lehrer wünschen: nach Deutschland zurückzukehren. Vielleicht hat sie von jeher daran gedacht, auch Kapstadt nur als eine Zwischenstation auf ihrer Lebenswanderung zu begreifen. Nie hat sie in Erwägung gezogen, eine Staatsbürgerschaft anzunehmen. Südafrika ist für sie eines der schönsten Länder der Erde; aber man muss, wie ihr Mann, leidenschaftliches Interesse für eine Gesellschaft aufbringen, um sich an politischen Kämpfen um deren Zukunft zu beteiligen. Freya lehnt die Politik der Apartheid zutiefst ab. Aber weder möchte sie sich in diese Auseinandersetzungen stürzen, noch wird sie auf Dauer Ungerechtigkeiten Mitmenschen gegenüber ertragen können. Caspar, dessen Schulkarriere durch den Krieg am empfindlichsten beeinträchtigt war, beendet 1956 die Highschool und will in Oxford studieren. Konrad, der seine Ausbildung bislang ungestört absolvieren durfte, kann einen Wechsel schon verkraften. Noch im gleichen Jahr nimmt sie ihre Wanderung wieder auf. «Es hat mir gar nicht so viel ausgemacht. Ich bin so veranlagt. Ich habe mir auch nicht viel Gedanken darüber gemacht, ob ich nun immer in Deutschland bliebe. Ich bin mit meinen zwei Söhnen zurück nach Deutschland gegangen und wusste nicht, wo ich mich niederlassen würde.»

Zunächst in Berlin, wo sonst. Dort sind die Freunde, dort findet sie zunächst Unterschlupf bei dem Verlegerehepaar Edith und Karl Heinz Henssel am Kleinen Wannsee. Konrad geht zur Schule, Caspar beginnt ein Studium in Oxford (das damals noch nicht so exorbitante Gebühren verlangt hat wie heute). Sein südafrikanischer, am britischen Ausbildungssystem orientierter Abschluss wäre von einer deutschen Universität ohnehin nicht anerkannt worden, so viel Überheblichkeit erlaubt man sich bereits wieder.

Überhaupt hat man sich inzwischen recht gut eingerichtet in Deutschland. Die Flüchtlinge, von deren drängender Not Freya noch in New York gesprochen hatte, sind in Neubausiedlungen untergebracht, deren Straßen nach Ortschaften in Ostpreußen, Schlesien oder den Sudeten benannt sind. Die Schaufenster sind voll, die Menschen gut angezogen und wohlgenährt; Deutsche reisen jetzt nicht mehr mit dem Kübelwagen der Wehrmacht ins Ausland, sondern mit Isetta oder Vespa vorzugsweise ins sonnige Italien. In den Kinos zeigt man unverfängliche Heimatfilme wie «Der Förster vom Silberwald», und die Nation – wenigstens im Westen – bangt um das Schicksal der österreichischen Kaiserin Sissi.

In der Bundesrepublik sieht man sich durch Konrad Adenauers Integration in den Westen und die Wiederaufnahme in die «zivilisierte Familie der Nationen» genügend gereinigt, um bitte schön ungestört zur Tagesordnung übergehen zu können. In der DDR soll mit Macht und Zwang die neue sozialistische Gesellschaft entstehen und ein «neuer Mensch» geformt werden. Dort hat man sich, ungeachtet individueller Taten und Entscheidungen, kollektiv den Status des Widerstandskämpfers gegen den «Faschismus» zugeeignet. Deutschland ist in zwei einander völlig entgegengesetzte politische Systeme geteilt, aber eine Überzeugung teilen die meisten Deutschen in Ost und West: Man solle sich doch, versichert man sich gegenseitig, lieber mit der Zukunft beschäftigen, als im Schmutz der Vergangenheit zu wühlen. Die war schlimm für alle, aber die sei ja nun vorbei.

Mitte der fünfziger Jahre sind über neunzig Prozent der kurz

*Oben:* Familienbild vor Freyas Haus in Claremont, Südafrika. Stehend: Caspar, Freyas Mutter Ada Deichmann, Schwägerin Asta Wendland mit ihrem Mann Wend Wendland, Freya, Clemens Wendland, Henry von Moltke (Sohn Jowo und Inge von Moltkes), Jowo von Moltke und dessen Frau Inge. Hinter Jowo verdeckt: Konrad. Sitzend: Philipp Wendland, Dorothy von Moltke (Tochter Jowo und Inge von Moltkes).

*Unten:* Freya mit ihren Söhnen Helmuth Caspar (links) und Konrad vor ihrem Wohnhaus in Wannsee, 1957

Freya nach ihrer Rückkehr von einer Afrikareise, vermutlich sechziger Jahre

*Oben:* Freya mit der Leiterin der Kreisauer «Spielschule», Schwester Ida Hübner, bei Konrad von Moltkes Hochzeit mit Ulrike von Haeften im August 1965

*Unten:* Auf der Terrasse in Vermont mit Eugen Rosenstock-Huessy, um 1968

Freya bei einer Ansprache, um 1980

Freya und Carl Viggo von Moltke in Kreisau, Ende der siebziger Jahre

In ihrem Garten in Four Wells, Vermont, neunziger Jahre

Mit Bundeskanzlerin Angela Merkel am 11. März 2007 anlässlich der
Feiern zu Helmuth James von Moltkes 100. Geburtstag in der Französischen Friedrichstadtkirche, Berlin

Freya von Moltke im Jahr 2007

nach dem Krieg von den Alliierten entlassenen Nazi-Beamten in der Bundesrepublik wieder in den Staatsdienst zurückgekehrt und sprechen zum allergrößten Teil dieselben Juristen wieder Recht, die vor etwas mehr als zehn Jahren den «Rechtsschändern» gedient haben; 1956, im Jahr der Rückkehr Freya von Moltkes nach Deutschland, muss sich Walter Huppenkothen, der Chef-Ermittler gegen ihren Mann, wegen der Todesurteile gegen Hans von Dohnanyi, Wilhelm Canaris, Dietrich Bonhoeffer und anderen, die noch im April 1945 ergingen und innerhalb von Stunden ausgeführt wurden, vor Gericht verantworten. Er wird zu sechs Jahren Haft verurteilt, weil die Urteile so unziemlich schnell und ohne Einhaltung aller Formalien vollstreckt wurden. Aber der Bundesgerichtshof stellt in seiner Abschlussbegründung von Juni 1956 auch «das Recht des Staates auf Selbstbehauptung» fest: «In einem Kampf um Sein oder Nichtsein sind bei allen Völkern von jeher strenge Gesetze zum Staatsschutz erlassen worden. Auch dem nationalsozialistischen Staate kann man nicht ohne weiteres das Recht absprechen, dass er solche Gesetze erlassen hat.» Huppenkothen wird nur drei Jahre seiner Strafe verbüßen – danach nimmt einer der rührigsten Schutzherren ehemaliger NS-Leute, der FDP-Bundestagsabgeordnete Ernst Achenbach, den ehemaligen Gestapo-Mann unter seine Fittiche und verschafft ihm eine Tätigkeit als Wirtschaftsjurist.

## «Man wusste ja nie, wie die Leute reagieren»

Einen Hang zur Übertreibung wird man Freya sicher nicht unterstellen können. Selten aber dürfte sie so untertrieben haben wie mit ihrer rückblickenden Einschätzung der politischen Lage in der Bundesrepublik der fünfziger Jahre: «Als ich zurück nach Deutschland kam, da hatte ich doch den Eindruck, dass der Widerstand zu kurz kam, nicht nur der Kreisauer Kreis. Ich fand, dass da ein Vermächtnis war, das zwar nicht viel Erfolg zeigte, aber doch zu den Schrecklichkeiten des ‹Dritten Reichs› dazugehörte. Fast naiv habe ich gedacht, die Deutschen wären froh, dass es ein paar Menschen gegeben hat, wenige, die schwache Versuche gemacht haben. Ich fand, dass wir, die wir das miterlebt haben, dazu etwas tun könnten. So habe ich mich bewusst an dem Verbreiten dieses Teils jener schrecklichen Jahre beteiligt.»

Freya ist jetzt Mitte vierzig. Einer ihrer Söhne, Caspar, ist schon aus dem Haus, der ebenso groß wie sein Vater gewachsene Konrad wird auch bald so weit sein. Ihre Freundinnen haben sich in Deutschland in ihrem neuen Leben eingerichtet. Romai Reichwein arbeitet sehr erfolgreich als Physiotherapeutin für spastisch gelähmte Kinder in Berlin; Clarita von Trott zu Solz hat 1955, mit achtunddreißig Jahren, ein Medizinstudium abgeschlossen und arbeitet anschließend als Nervenärztin und Psychotherapeutin in Hamburg, Marion Yorck von Wartenburg hat ihr Assessorexamen abgelegt, ist 1952 als erste Frau in Deutschland Vorsitzende einer Jugendstrafkammer geworden und lebt mit dem CDU-Politiker Ulrich Biel zusammen, der die Nazi-Zeit im amerikanischen Exil verbracht hatte. Jetzt ist endlich die Gelegenheit gekommen, jetzt hat sie endlich auch weniger Verantwortung für andere zu tragen, um sich einer neuen Aufgabe zu widmen.

Seit sie im Sommer 1945 den riesigen Packen aus ihrem Versteck in den Honigkörben geholt und dem amerikanischen Nachrichtenoffizier Schulze-Gaevernitz mitgegeben hat, seit sie dieses nicht eben kleine Paket von geschätzten 1600 Briefen ihres Mannes über Deutschland in die Schweiz, nach Südafrika und wieder zurück nach Deutschland schleppte, hat sich Freya nicht wieder intensiv mit den Briefen ihres Mannes beschäftigt. Zwei seiner letzten Briefe aus dem Gefängnis, die er nach dem Todesurteil geschrieben und ausdrücklich als Vermächtnis für eine weitere Leserschaft bestimmt hat, sind kurz nach dem Krieg in England und mit einem Vorwort Freyas auch von Karl Heinz Henssel veröffentlicht worden. (Auf Anfrage der Schriftstellerin Ricarda Huch, die gleich nach Kriegsende eine Dokumentation über den Widerstand plante, hatte Freya diese zwei Briefe auch ihr zur Verfügung gestellt. Nach deren Tod im November 1947 führte Günther Weisenborn diese Arbeit fort, konzentrierte sich aber hauptsächlich auf den kommunistischen Widerstand.)

Zum ersten Mal seit dem Tod ihres Mannes und dem Ende des Krieges beginnt Freya zu sichten, die Seiten zu überfliegen, die mit ihren breiten Rändern und dem Block winziger, aber sehr gerade geschriebener Zeilen in der Mitte fast aussehen wie die Handschrift eines alten Buches, und einige der Briefe abzuschreiben. Auf eine Veröffentlichung kommt es ihr gar nicht so sehr an, sondern auf «die politisch interessanten Sachen, die meine Söhne interessieren könnten».

Es geht ihr nicht um einen Platz für ihren Mann in der offiziellen Geschichtsschreibung der Bundesrepublik. Man könnte nicht behaupten, dass sie großes Vertrauen in die Zunft der Historiker gehabt hätte, von denen so viele ihre Karrieren von der Weimarer Republik über das «Dritte Reich» bruchlos bis in die Bundesrepublik fortgeführt haben. Sie hält nicht viel von einer Geschichtsschreibung, die sich auf die Taten großer Herrscher konzentriert, aber «für die menschlichen Ereignisse», wie sie es nennt, wenig Gespür und Interesse zeigt. Freya will dazu beitragen, ihren Mann und seine Freunde für die Zukunft sprechen zu lassen, dafür zu sorgen, dass sie «benutzt» werden.

Ausgerechnet Annedore Leber kümmert sich jetzt am intensivsten um das Vermächtnis des Widerstands. Aus dem «Sonnenstrahl», dem «Vögelchen» ihres Mannes Julius, der sie schützen und möglichst wenig in seine widerständigen Tätigkeiten einweihen wollte, ist eine aktive Politikerin geworden. Gleich 1945 ist sie in die SPD eingetreten, 1948 Berliner Stadtabgeordnete geworden und hat einen eigenen Verlag gegründet. Zusammen mit dem aus dem Exil zurückgekehrten Willy Brandt und dem soeben promovierten Historiker Karl Dietrich Bracher veröffentlicht sie ihre «64 Lebensbilder aus dem deutschen Widerstand»: keine gelehrte Abhandlung, keine theoretische Schrift, sondern eine Sammlung von Biographien der Menschen, die sich, wie sie in ihrem Vorwort schreibt, «aus allen Schichten des Volkes und allen Gebieten des Landes fanden. (…) In ihnen haben die widerstreitendsten Kräfte gerungen, wie in jedem von uns. Sie haben die Probe bestanden, weil ihr Gewissen in einer harten Entscheidungsstunde stark genug war.»

Darum geht es auch Freya: Diese Menschen sollen nicht als unerreichbare Idole auf einem Sockel stehen; sie will ihr beständiges Ringen zugänglich machen, zeigen, wie gerade dieser aus so unterschiedlichen Menschen zusammengesetzte Kreisauer Kreis in ziviler Debatte Gemeinsamkeiten finden und Kompromisse erzielen konnte, wie dessen Arbeit nicht der Vergangenheit angehört, sondern von höchst aktuellem Nutzen sein kann. Zusammen mit Annedore Leber veröffentlicht sie das Buch «Für und wider. Entscheidungen in Deutschland», in dem sie zum ersten Mal ausführlicher die Arbeit der Kreisauer erklärt und einige weitere Briefe ihres Mannes abdrucken lässt.

Beständig ist sie jetzt wieder unterwegs, um vor allem vor Schulklassen zu lesen, Vorträge zu halten, ihre Erinnerungen für die Gegenwart zugänglich zu machen. Aber es wird noch fast ein Jahrzehnt dauern, bis sich ein junger niederländischer Historiker, Ger van Roon, intensiv mit dem Erbe Helmuth James von Moltkes auseinandersetzen wird. Und fast drei Jahrzehnte, bis sich in den achtziger Jahren auch die deutsche Geschichtsschreibung mit den Gegnern des Dritten Reiches ausführlich befassen wird.

Freyas «naiver Glaube, die Deutschen jener Jahre könnten sich für den Widerstand interessieren», beruht auf einem sehr simplen Irrtum: Vom Ringen des Einzelnen um seine Integrität in Zeiten der Diktatur und der allgemeinen Niedertracht zu hören, ist doch für viele eine eher lästige Angelegenheit. Eben vor diesem Blick in die Abgründe des eigenen Gewissens schützt der Abwehrmechanismus eines Kollektivs: Wir alle, die wir normale Menschen sind, die nicht gern ihr Leben riskieren möchten, haben doch gar nichts tun können! So wird der Regimegegner wieder zum Außenseiter. Und seine Tat bleibt Verrat.

Im Berliner Bendlerblock mag man seit 1952 jährlich zum Jahrestag des 20. Juli in Anwesenheit höchster Vertreter des bundesdeutschen Staates der Männer gedenken, die das Attentat auf Hitler gewagt hatten und dafür ermordet worden waren. Deren Kindern aber wird in der Schule «Verräterkind» nachgezischelt. «In frühen Jahren habe ich überhaupt nicht darüber gesprochen, weil ich eine gewisse Angst davor hatte, gekränkt zu werden», so Marion Yorck. «Man wusste ja nie, wie die Leute reagieren.»

Ohne Vorstellung, wem oder was denn die Treue gehalten werden soll, kann es auch keinen Verrat geben, der eine solche Loyalität hintergeht. Die Loyalität der überwiegenden Mehrzahl der Deutschen galt dem Staat, gleich, ob an dessen Spitze ein Verbrecher stand, und der «Ehre» ihres Landes, obgleich diese Ehre angesichts der Verbrechen schon lange verloren war. «Die Ausrottung des Ungeists des Nationalsozialismus war Moltke dringender als die Rettung der Ehre Deutschlands, und dies bestimmte die Form seiner Opposition», schreibt Freya in «Für und wider».

Helmuth James von Moltke ging es nicht um «Deutschland», seine Loyalität galt nicht dem Land oder dem Staat an sich, sondern einem Staat, der die Würde eines jeden Menschen respektiert. Dass dieser essenzielle Unterschied in den Anfangsjahren der Bundesrepublik nur von wenigen verstanden wird, setzt ihn, der immer geglaubt hat, ein gelungenes Attentat wäre von den meisten Deutschen als Verrat empfunden worden, ganz gewiss ins Recht. Es macht aber jene, die diesen Unterschied als wesentlich erkennen, nur einsamer.

*«Ohne Kreisau hätte ich nie wieder*
*Deutschland betreten können»*


Verrat – damit beschäftigt sich auch die Journalistin Margret
Boveri. Dass sie in ihrer 1956 veröffentlichten, mehrbändi-
gen und vom Feuilleton gefeierten Studie über den Verrat im
20. Jahrhundert auch die Verschwörer des 20. Juli in die Reihe
der «großen Judasse» stellt, das trifft den Zeitgeist allzu perfekt.
Einer der wenigen, der ihr widerspricht, ist Eugen Rosenstock-
Huessy. Es gibt, erwidert er ihr in einem offenen Brief, «in bestimmten Momenten die legitime Gewalt nur in der Form des
Illegitimen! So waren Helmuth James von Moltke und Dietrich Bonhoeffer im Augenblick ihrer Hinrichtung die legitime
deutsche Staatsgewalt, und zwar die einzige. Wer das leugnet,
leugnet die Epoche.» Weiter heißt es: «Ohne Kreisau hätte ich
nie wieder Deutschland betreten können.» Und dann wirft
dieser Universalgelehrte, der, so einer seiner Schüler, «noch
das inzwischen in Fachdisziplinen aufgespaltene Wissen der
Germanisten, Historiker, Soziologen, Juristen, Theologen und
Philosophen beherrscht», einen erstaunlichen Satz aufs Papier:
«Dank Moltke und Bonhoeffer gibt es noch eine deutsche Sprache – und Sprachen sind nichts von unten aus Physik, Chemie
oder Psychologie Ableitbares, sie alle zusammen bilden das
Spektrum des flammenden Logos. (…) Es gehört die ganze Nai-
vität der Gebildeten dazu, dass die deutschen Akademiker nicht
wissen, wie sie ihren Rang als Teilhaber am Logos 1933 verwirkt
hatten, und dass sie nicht durch Wissen und Gelehrsamkeit,
sondern nur durch die Kreisauer das Recht haben, in deutscher
Sprache weiter zu forschen oder zu lehren.»
Wann aus der Freundschaft Freyas und Rosenstocks mehr

wird, darüber schwieg sich Freya immer diskret aus. Rosenstock ist noch verheiratet, als sie sich wiedertreffen. Seine Frau Margrit weiß von dem Verhältnis und sagt – nichts. Sie empfindet die Dreiecksbeziehung als eine Art Sühne für eine frühere Konstellation: Kurz nach der Heirat mit Rosenstock und während er noch als Soldat im Ersten Weltkrieg kämpfte, begann eine jahrelange Affäre zwischen ihr und Eugens bestem Freund Franz Rosenzweig. Damals hat er geduldig gelitten, jetzt will sie sich fügen.

Mit einer gewissen Bereitschaft für ein unausgesprochenes Arrangement ist die schwierige Angelegenheit leidlich zu ertragen. Freya reist nicht nach Amerika, Margrit kommt nicht mit, wenn Eugen in Heidelberg Gastvorträge hält. Dort lebt er mit Freya in der Souterrain-Wohnung des Hauses ihrer Freundin Barbara von Haeften.

Bis in ihr Zimmer im ersten Stock hinauf hört Ulrike, die spätere Schwiegertochter Freyas, das bis in die Nacht hinein dauernde Gesprächsgemurmel der vielen Freunde und vor allem Schüler und Verehrer Rosenstocks und das laute, ansteckende Lachen Freyas. Sie ist eine «stattliche Frau», so Ulrike von Haeften, ein wenig größer als Rosenstock, das Haar trägt sie immer noch zurückgesteckt mit kleinen Schildpattkämmchen, aber die Strenge, die sie noch in Südafrika ausgestrahlt hat, die hat sie hier gänzlich verloren. In Südafrika fühlte sie sich verbannt, weil viele nicht verstehen konnten, was sie erlebt hatte. In Deutschland gibt es allzu viele, die es nicht hören und verstehen wollen. Freya empfindet ihre Vergangenheit als «unglaublich kostbar und reich», die meisten Deutschen möchten an ihre eigene Vergangenheit nicht rühren und lieber in die Zukunft blicken. Aber hier hat sie Freunde, eine Insel, auf die sie sich zurückziehen und wo sie sich wohl fühlen kann. Und Rosenstock gehört ganz schnell dazu. Er kann ihre in den vergangenen Jahren gewachsene Eigenständigkeit respektieren, vor allem aber ihre tiefe Verbindung zu Helmuth. Sie hat ihm den Weg zurück nach Deutschland und in die deutsche Sprache eröffnet. Sie versteht sein Denken, und es gibt einen Wesenszug an ihm, den sie liebt, den einzigen, wie sie findet, den er mit Moltke teilt: «Er hat immer quergelegen.»

Unter Freunden ist der nicht besonders groß gewachsene Mann ein glänzender Unterhalter, charmant und aufmerksam. Seinen Akademiker-Kollegen aber ist Rosenstock fremd. Eine reguläre Professur werden sie diesem sperrigen Universalgelehrten in Deutschland nie anbieten, was Freya später zu einer der ganz wenigen öffentlichen Äußerungen hinriss, in der ein wenig Zorn zu spüren ist: «Ich kann mein Entsetzen nicht ganz loswerden, dass Deutschland sich das leisten konnte, sowohl meinen Mann nicht haben zu wollen, wie auch – auf ganz andere Weise – Rosenstock-Huessy nicht gebrauchen konnte.»

1960 stirbt Margrit. Und da, beschreibt Freya die Situation sehr knapp, «stand ich ihm so nahe, dass ich gar keinen Zweifel hatte; das ist ein kompliziertes Wort – es gibt da viele Worte, was ich tat: mit ihm leben, für ihn arbeiten, ihn betreuen, alles zusammen.» Sie zieht in die USA, in ein Häuschen in schönster Waldlandschaft, mit einem Blick in eine hügelige Landschaft, die der schlesischen nicht unähnlich ist, und einem Garten, in dem sie – wie damals in Kreisau – ihr eigenes Gemüse ziehen kann. Ganz nach angelsächsischem Vorbild und nach den Vorstellungen der Kreisauer wird sie sich endlich in den «kleinen Gemeinschaften», im Gemeinderat und für ein Frauenhaus in Dartmouth engagieren.

«Ich war immer gut zum Helfen», sagt Freya einmal über sich. Neben dem Erbe ihres Mannes Helmuth widmet sie sich jetzt auch dem Wirken Rosenstocks. Er verdient es, findet sie, breiter gelesen und verstanden zu werden.

Neun aktive Jahre verbringt sie mit ihm in Vermont, begleitet ihn auf seinen Reisen, reist selbst zu Sohn Helmuth Caspar, der sein Examen als Barrister in Oxford bestanden hat und für eine Weile das australische Tochterunternehmen der BASF in Sydney leiten wird, wo er auch seine australische Frau Keri heiratet. Rosenstock wird zum geistigen Vorbild ihres jüngeren Sohnes Konrad, der am Dartmouth College ein Mathematikstudium beginnt. Sie erschließt sich, zuweilen unter Mühen, aber mit unendlicher Geduld, seine so wissensüppigen, oft schwer zugänglichen Bücher, ist seine Lebensgefährtin, seine Erstleserin, seine Lektorin, seine «Außenministerin». Sie führt einen großen Teil der Korrespondenz mit dem Verleger Lambert Schneider, der sich Mitte der sechziger Jahre entschließt, einige der Werke Rosenstocks wieder aufzulegen. Dass die zwei Bände seines Mammutwerkes «Die Sprache des Menschengeschlechts» allerdings kein Publikumserfolg werden, darüber macht sie sich keine Illusionen: «Ich fürchte mit Ihnen, dass das Buch sich nicht gut verkaufen wird. Abgesehen von der Zeilenzahl für Rezensenten – wie viele werden sich wohl die Mühe machen, alles richtig zu verstehen?», schreibt sie an Schneider. «Aber ich bin ganz sicher, dass es in unserer Zeit dieses merkwürdige Werk geben muss. Es braucht einen langen Atem, ich weiß, dass Rosenstock sich dazu verpflichtet hat. Ob meiner kürzer oder länger wird, kann kein Mensch sagen – aber so viel möchte ich doch versichern – mein Atem ist noch dahinter!»

Neun wache Jahre, dann schließt sich der helle Geist Rosenstocks in die Dämmerung ein. Er, der erst in hohem Alter Auto fahren lernte – «und das gleich sehr schlecht», so Freya –, der als einzige Fortbewegungsmöglichkeit das Reiten akzeptierte und es fertigbrachte, seinen Freunden hoch zu Pferde Eiscreme zum Frühstück zu holen (er ist verrückt nach Eiscreme), ist «müde geworden. Seine ganze Wärme ist da, auch seine Heiterkeit», schreibt Freya dem gemeinsamen Freund Carl Zuckmayer im Juni 1969, «aber sein Kopf und Geist brauchen Ruhe».

Und sie? Behütet und liebt ihn fürsorglich. «Ich habe mit meinem Mann eine schöne, wunderbare Einheit erlebt. Ich habe mit dem uralten Rosenstock auch noch einmal etwas Ähnliches erlebt.» Ob noch alles zu ihm dringt, ist nicht einmal klar. Aber sie liest ihm regelmäßig vor, auch die Dankesrede Zuckmayers für den Heinrich-Heine-Preis, den er im Dezember 1972 erhält; Heine, den auch Moltke liebte. Und wieder geht es um «Verrat» und um die Leidenschaft für ein Land, für Deutschland: «Heine hat nie Verrat begangen, weder am Judentum noch am Deutschtum, weder an seinen Mitstreitern noch an seinen Überzeugungen; doch hat er, wie jeder lebendige Geist, Wandlungen durchgemacht, die seinen Weg bestimmten, und am Ende folgen wir ihm auf seinem Leidensweg vom Hiob zum Lazarus – von der Verzweiflung zur Transzendenz.» Und weiter: «Paris ist für ihn Asyl geblieben und niemals Heimat geworden, das blieb für ihn Deutschland, nach dem er sich sehnte, als er verhöhnte und angriff: doch in seinem Spott ist Trauer, in seinem Angriff der Brand verzweifelter Liebe, und in einem seiner bedeutendsten Werke, der ‹Geschichte der Religion und Philosophie in Deutschland›, macht er den Versuch, dem französischen wie dem deutschen Leser den eigentlichen, den guten Geist des Deutschtums, so wie er ihn von Luther über Lessing, Goethe und Kant bis Hegel heranreifen sah und auf dessen endliches, volles Erblühen er hoffte, nahezubringen.»

«Edelster Zuck!», schreibt sie ihm zurück, «Wort für Wort, Satz für Satz haben wir Ihre Rede genossen. Als ich zu Ende gekommen war, sagte ich: Endlich bin ich wieder einmal froh, deutsch zu sein. Und das empfinde ich jetzt aus ganzem Herzen.»

Wenige Monate später, in der Nacht zum 24. Februar 1973, stirbt Eugen Rosenstock-Huessy im Alter von fünfundachtzig Jahren. «Er saß in die Kissen gelehnt, atmete ruhig und war so erhaben, so Ehrfurcht gebietend anzusehen, dass wir langsam seine Hände losließen, die zwei von uns bis dahin immer gehalten haben», schreibt Freya an Margrit Huessys Schwester Lotti, die nicht mehr rechtzeitig aus der Schweiz nach Vermont kommen konnte. Sein Sohn Hans und die Enkel sind abwechselnd bei ihm. «Und dann brauchte er uns nicht mehr, er gehörte uns nicht mehr. (…) Kurz vor ein Uhr morgens holte er erst mich, dann Hans, und als wir an Eugens Bett standen, hat er eigentlich nur noch einmal ganz tief eingeatmet, aber wie Eugen, nicht langsam, sondern wie einer einatmet, der ein Wunder vor seinen Augen sieht. Das Ausatmen haben wir kaum gesehen. Dann diese Ruhe, dieser Frieden, diese unglaubliche Erleichterung, die nicht unsere Erleichterung war. (…) Ich hatte diesen Tag seit Jahren gefürchtet, aber nun war er anders, ja, fast schön. Ich konnte über meinem Kummer Größeres sehen und spüren. Das war es, und das half.»

Wird sie jetzt wohl wieder nach Deutschland zurückkehren?, fragt «Zuck» sie brieflich. Ach nein, schreibt sie ihm in flüchtiger

Handschrift zurück: «Ich hatte ein gutes, ein glückliches Leben mit Eugen und viele kostbare Jahre, ein wahres Geschenk des Himmels. Ich will hier bleiben. Hier umgeben mich Haus und Land liebevoll. Ich habe Wurzeln bekommen.»

# FÜNFTES KAPITEL

# «Ich komme nur, wenn die Polen
# mich einladen»: Vermächtnis

Wie große Papierflieger müssen sie über die Balustrade des ersten Stocks in den Lichthof der Ludwig-Maximilians-Universität gesegelt sein. Papierflieger mit einer aufrührerischen, einer für ihre Verfasser tödlichen Botschaft. «Kommilitonen, wollen wir weiter einem Dilettanten das Schicksal unserer Armeen anvertrauen? Wollen wir den niedrigsten Machtinstinkten einer Parteiclique den Rest unserer deutschen Jugend opfern? Nimmermehr!», beginnt der Aufruf auf dem sechsten und letzten Flugblatt der Geschwister Hans und Sophie Scholl und ihrer Freunde Alexander Schmorell, Christoph Probst und Willi Graf.

Der Pedell der Universität hat die Studenten bei ihrer Aktion an diesem 18. Februar 1943 beobachtet und denunziert sie sogleich. Noch in der Universität werden sie verhaftet. Am 22. Februar verurteilt Roland Freisler sie zum Tode, am selben Tag werden sie hingerichtet. Eines der Flugblätter der «Weißen Rose» wird Helmuth James von Moltke in die Hände fallen, er wird es nach Norwegen mitnehmen und von dort an die Briten übergeben als weiteren (und erneut ignorierten) Beweis für die Alliierten, dass es wahrhaftig einen Widerstand in Deutschland gibt.

Am Abend des 10. November 1989 findet die Verleihung des Geschwister-Scholl-Preises in der großen Aula der Ludwig-Maximilians-Universität statt. In der ersten Reihe, unter Hunderten vornehmlich schwarz gekleideter Gäste, sitzt mit schlohweißem Haar Freya von Moltke und lauscht mit aufmerksam schiefgelegtem Kopf der Rede Klaus von Dohnanyis – auch dessen Vater Hans gehörte zu den Regimegegnern, die für ihre Integrität mit dem Leben bezahlen mussten. Zum zehnten Mal wird der Preis für ein Buch vergeben, das sich in herausragender Weise mit dem Widerstand beschäftigt, und an diesem Abend nimmt ihn Freya für Helmuth James von Moltkes «Briefe an Freya» entgegen. Zehn Jahre hat die Herausgeberin Beate Ruhm von Oppen daran gearbeitet, mit Freyas Hilfe die Handschrift zu entziffern, die Briefe abzuschreiben, sie mit Anmerkungen zu versehen. «Wer meinen Mann kennenlernen will, muss seine Briefe lesen», hat diese einmal gesagt. Tatsächlich hat kaum ein anderes Buch derart dazu beigetragen, Moltke und die Kreisauer so klar «für die Zukunft sprechen zu lassen», wie es sich Freya einmal gewünscht hat. Genau das würdigt Klaus von Dohnanyi: «Der Widerstand der Selbstbehauptung: Er wird heute in einer Zeit, in der physischer Mut von niemandem eigentlich verlangt wird, vorbildlich – in einer Zeit, in der ganz andere Gefahren der Anfechtung durch Anpassung bestehen. Und das ist es, warum Moltke heute noch einmal besonders zählt. Ich habe das erst durch diese Briefe begriffen.»

Als Freya diesen Preis entgegennimmt, ist sie knapp neunundsiebzig Jahre alt; hätte sie einen Hang dazu, dann dürfte sie jetzt stolz sein auf ihr bereits getanes Werk. Helmuth James, seinen Freunden und vielen anderen Menschen des Widerstands wird eine verdiente Anerkennung zuteil, die sie aber nicht in die Höhen der Unerreichbarkeit entrückt.

Ein Jahr zuvor, im Sommer 1988, hat zum Anlass von dessen hundertstem Geburtstag auch die Eugen Rosenstock-Huessy-Gesellschaft am Dartmouth College getagt, und Gäste aus den USA, den Niederlanden, Deutschland (DDR und Bundesrepublik) und Polen sind angereist. Auch sein Werk lebt fort. Sie könnte sich, schon hoch betagt, ihrer Arbeit als Volontärin für wohltätige Einrichtungen widmen, ihr Gärtchen pflegen, die zahlreichen Freunde und Enkel bekochen, die sie so häufig in ihrem Häuschen in Four Wells aufsuchen.

Aber jetzt, da am Vorabend die Berliner Mauer gefallen ist, da ganz Europa sich in unverhoffter Weise zu verändern beginnt, fällt Freya eine neue Aufgabe zu. Für diese Aufgabe wird sie, wie ihre Nichte Dorothy von Huelsen sagt, «im Alter von fast achtzig Jahren noch einmal richtig durchstarten».

## «Sie können uns den Geist des Ortes annähern»

Ihr Enkel James, der in England studiert, hatte sie schon vorgewarnt. Er habe, berichtet er seiner Großmutter, einen Anruf von Bundeskanzler Helmut Kohl erhalten. Der plane in der zweiten Novemberwoche 1989 einen Besuch in Polen, wo am 4. Juni die ersten leidlich freien Wahlen stattgefunden haben, aus denen die von der Gewerkschaft «Solidarność» getragene Opposition mit einer überwältigenden Mehrheit hervorgegangen ist. Gemeinsam mit dieser ersten nicht-kommunistischen Regierung möchte Helmut Kohl an einer Verbesserung der deutsch-polnischen Beziehungen arbeiten, und gemeinsam mit dem neuen Premier, dem ehemaligen Journalisten und «Solidarność»-Aktivisten Tadeusz Mazowiecki, will der Katholik Kohl ein Zeichen setzen und eine Versöhnungsmesse feiern. Nach längeren Diskussionen um einen historisch unbelasteten Ort – keine ganz leichte Aufgabe in Polen, das eine so lange und schmerzliche gemeinsame Geschichte mit seinem Nachbarland verbindet – hatte Mazowiecki Kreisau, das heutige Krzyżowa, vorgeschlagen. Und da wäre es doch ganz besonders schön, so Kohl, wenn auch jemand von der Familie Moltke kommen könnte.

Die schlichte Antwort des jungen James wird den Bundeskanzler erstaunt haben, verrät aber einiges über die Stellung Freyas in der Familie: «Da müssen Sie meine Großmutter fragen.» Wenig später klingelt tatsächlich das Telefon in Freya von Moltkes kleinem Häuschen in Vermont. Ob sie denn nicht zur Versöhnungsmesse nach Kreisau kommen wolle, fragt der Bundeskanzler höchstpersönlich an. Und Freyas Antwort? Sie lautet nein.

Gewiss würde sie gerne dort hinfahren. Und gegen eine Verbesserung der deutsch-polnischen Beziehungen hat sie schon gar nichts einzuwenden. Aber in Kreisau, das macht sie dem Kanzler deutlich, kann sie nicht mit einer deutschen Einladungskarte und nicht im Tross des deutschen Regierungschefs einziehen. «Nach Kreisau fahre ich nur, wenn die Polen mich einladen.»

Die Messe muss ohne Freya und ohne die Teilnahme eines Mitglieds der Familie Moltke stattfinden.

«Die Wege des Herrn sind unergründlich», heißt es in der Bibel. Die Wege der amerikanisch-deutsch-polnischen Kommunikation sind es auch. «Wie die Polen von dem Gespräch erfahren haben, das weiß ich nicht», wird Freya später sagen, «aber sie haben es sofort erfahren.» Am 22. November 1989, sie ist nach der Verleihung des Geschwister-Scholl-Preises in München zu Freunden nach Berlin gereist, erreicht sie ein in deutscher Sprache abgefasster Brief, getippt auf dem für die Länder des Ostblocks typischen brüchigen Papier und mit dem Briefkopf des

«Klub Inteligencji Katolickiej» (KIK), des Clubs der katholischen Intelligenz, der einzigen zivilgesellschaftlichen Organisation des kommunistischen Polen. Seine Existenz hat der KIK einer kurzen Tauwetterphase, dem Polnischen Frühling von 1956, zu verdanken, seinen heute beinahe satirisch anmutenden Namen einer Auflage der Regierung; die Organisation soll die Bezeichnung «Intelligenz» im Titel führen. Damit werden nicht etwa die Geistesgaben der Mitglieder gekennzeichnet, sondern die politische Klasse «Intelligencija», der Intellektuellen, die den strammen Sozialisten als Außenseiter und Schmarotzer im Arbeiter- und-Bauern-Paradies gelten. Zahlreiche Oppositionelle, die in den achtziger Jahren zum Ende des kommunistischen Regimes in Polen und damit zum Ende des Kalten Krieges in Europa und dem Fall der Mauer beigetragen haben, gehören dem Club an.

«Sehr geehrte Frau von Moltke», schreibt ihr Dr. Ewa Unger, die Vorsitzende des KIK in Breslau, «wir möchten Sie mit Ihren Angehörigen hiermit zu einem Seminar ‹Christentum in der Gesellschaft, Teil II› vom ersten bis dritten Dezember des Jahres herzlichst einladen. Der erste Teil dieses Seminars fand vom zweiten bis vierten Juni statt und wurde dem Kreisauer Kreis und Eugen Rosenstock-Huessy gewidmet. An der Dezembertagung möchten wir die Konzeption einer gemeinsamen internationalen Friedensarbeit vorstellen, welche in Kreisau betrieben werden soll, und damit die Grundlagen der dafür notwendigen Stiftung schaffen. Wir wollen die geistige Arbeit des Kreisauer Kreises und die kulturelle Tradition des Ortes in unserem internationalen Kreis fortsetzen. Deswegen wäre Ihre Anwesenheit wichtig: Sie können uns den Geist des Ortes und Kreisaus annähern und uns helfen, den richtigen Weg zu finden. Wir sind natürlich ganz anders als die Mitarbeiter des Kreisauer Kreises und seine Gründer. Wir haben andere Traditionen und Erfahrungen, aber wir sind auch Menschen und Christen. Wir wollen gemeinsam leben und arbeiten. Das ist genügend, um einen gemeinsamen Weg und Geist finden zu können.»

Da man offensichtlich Rücksicht auf das fortgeschrittene Alter der Eingeladenen nehmen möchte, fügt man noch hinzu: «Falls Sie kommen könnten und möchten, verpflichten wir uns, für Unterkunft und Verpflegung und auch – im Notfall – für ärztliche Hilfe zu sorgen.»

Die Vorsichtsmaßnahmen werden sich als überflüssig erweisen. Freya ist kerngesund, und niemals hätte sie es zugelassen, dass irgendjemand für ihre Reisekosten aufkommt.

Noch am selben Tag antwortet sie handschriftlich – nicht eine Spur des Zitterns weist die Schrift der Achtundsiebzigjährigen auf: «Heute habe ich Ihre freundliche Einladung zu Ihrem Seminar vom ersten bis dritten Dezember erhalten. Sie glauben gar nicht, wie sehr mich das gefreut hat! Noch vor wenigen Tagen haben wir gesagt: Wir kommen erst, und dann mit Freuden, wenn polnische Menschen uns einladen. Und schon sind wir von Ihnen eingeladen! Alles, was Sie mir schreiben, verstehe ich gut, und ich möchte Ihrem Ruf gerne folgen. Es würde mir große Freude machen, dabei zu sein.»

Kein Wort davon, dass man nicht etwa im kleinen, familiären Kreis über die Eventualitäten einer irgendwie ausgesprochenen Einladung nach Kreisau gesprochen hat, sondern dass dieses «Noch vor wenigen Tagen haben wir gesagt» nichts anderes als eine glatte Absage an den deutschen Bundeskanzler war.

Leider aber muss sie dem KIK mitteilen, dass sie in diesem Winter verhindert ist: «Ich habe in verschiedener Hinsicht meine baldige Rückkehr nach Vermont versprochen, und da möchte ich doch mein Versprechen halten. Vielleicht dass einer von uns, Helmuth Caspar, Konrad oder ich zu einer der folgenden Zusammenkünfte kommen. Vielen Dank und viele gute Wünsche für ein gutes Gelingen und fruchtbare Fortschritte, Ihre Freya von Moltke.»

Das ist der offizielle Beginn eines ganz neuen Lebens in dem Ort, der Freya und ihrer Familie so viel bedeutet hat. Aber wie unsichtbar hatten sich die Fäden ihres Lebens schon viel früher so verflochten, dass ein tragbares Netz in dem Moment vorhanden war, als alle Entwicklungen an diesem einen Punkt zusammenliefen.


## Deutsch-polnische Verständigung


Nie hat sie, nie haben die Geschwister ihres Mannes daran gedacht, dass Kreisau je wieder von der Familie Moltke in Besitz genommen werden könnte oder gar sollte. Dass es einmal den Russen, Polen oder Tschechen gehören würde, über diese Möglichkeit hatten sie und Helmuth James schon gesprochen, als man im «Dritten Reich» noch über die «Blitzkriege» Hitlers jubelte. «Hebst du das für die Russen auf?», pflegte Helmuth sie zu necken, wenn sie es mit der Vorratshaltung für seinen Geschmack ein wenig zu weit trieb. Wohl wissend, dass die Grenzen Europas nach Hitlers Krieg anders verlaufen würden, hatten sie 1942 den mit Helmuth befreundeten expressionistischen und von den Nazis verfemten Maler Karl Schmidt-Rottluff eingeladen, um das Gut zu malen und damit eine bleibende Erinnerung zu schaffen. Die Bilder gehörten zu der Habe, die mit Hilfe der Engländer gerettet werden konnte. Aber war mit dem nie bezweifelten Ende der Moltke'schen Familiengeschichte in Niederschlesien das Kapitel Kreisau wirklich für immer geschlossen?

«Ich denke immer noch, eines Tages wird noch einmal aus Kreisau ein Haus für deutsch-polnische Verständigung. Ich möchte auf dem Kapellenberg, wo die Moltkes alle seit dem Feldmarschall begraben sind, eine Steinplatte für Helmuth legen. Die gibt es sonst nirgends. Und die soll auch nirgends außer dort hin. Aber ich kann mir doch vorstellen, dass es einmal so weit sein wird, dass man Helmuth als einen Europäer ansehen wird, so sehr als einen Europäer, dass auch die Polen bereit sein werden, ihm in Polen einen Stein zu setzen. Ob das mir oder meinen Söhnen gelingen wird?»

Das hat Freya am 21. März 1967 in einem Gratulationsbrief an den jungen niederländischen Historiker Ger van Roon geschrieben, der sich als Erster intensiv mit dem Freundeskreis um Moltke und Yorck beschäftigte und darüber gerade seine Habilitationsschrift vorgelegt hatte – und vergisst es bald wieder. Aber die Neugierde, diesen Ort einmal wiederzusehen, lässt sie nicht los. Ihrer Mutter hatte sie wohl hoch und heilig versprechen müssen, keine Reise hinter den Eisernen Vorhang zu wagen. Zu sehr fürchtete Ada Deichmann, dass ihre Tochter dort verhaftet werden könnte, wie Marion Yorck und deren Schwester Muto in den chaotischen Monaten nach Kriegsende. Freya hat diesen Wunsch respektiert, obgleich mit der Ostpolitik Willy Brandts neue Möglichkeiten entstanden. Der Eiserne Vorhang begann durchlässiger zu werden, seit der erste sozialdemokratische Bundeskanzler unmissverständlich auf Gebietsansprüche jenseits von Oder und Neiße verzichtete. Viele, die nach 1945 ihre Heimat verlassen mussten, reisten nach Polen oder in die Tschechoslowakei, um die Ortschaften zu besuchen, in denen sie aufgewachsen sind und einen Teil ihres Lebens verbracht haben.

Solange Ada Deichmann lebte, hat sich Freya an das Versprechen gehalten. Nach deren Tod aber reist sie 1976 endlich zusammen mit ihrem älteren Sohn Helmuth Caspar nach Polen. Was sie vorfindet, ist ein Kreisau im Dornröschenschlaf. Für den Charme des Unaufgeräumten hat sie sich schon bei ihrem ersten Besuch auf dem Gut empfänglich gezeigt; es stört sie nicht sonderlich, dass am Schloss der Putz bröckelt, dass Fenster zerbrochen sind und auf der herrschaftlichen Treppe Hühner gackern. Tatsächlich biegt auch ein Inspektor mit dem Pferdewagen um die Ecke – nun ist es der polnische, nicht Adolf Zeumer. Auf den Feldern wird noch immer das Heu per Hand zu Garben gestakt, in den Rübenfeldern sind die Hackkolonnen unterwegs, zwischen den Kirschbäumen wird das Heu mit der Sense geschnitten. An einer Wand in der Nähe der Schlosstreppe sind sogar noch die Messmarkierungen für Dorothys Kinder zu erkennen. Fast siebzig Jahre nach Helmuths Geburt, über dreißig Jahre nach seinem Tod, ist es Caspar möglich, «die Größe meines Vaters an einer Wand zu erkennen».

«Anonym» wollte Freya nach Kreisau fahren, nur niemandem das Gefühl geben, als kämen alte Besitzer, die womöglich Ansprüche anmelden. Aber wie können Besucher in einer so abgelegenen Gegend lange unbemerkt bleiben, deren westliche Herkunft auf den ersten Blick zu erkennen ist, die sich so interessiert umsehen und sich dabei doch auszukennen scheinen? Es wird ein paar prüfende Blicke gegeben haben, ein sich vergewisserndes Getuschel, und schon war die Identität der Besucher gelüftet – zumal ein paar der Älteren auf dem Hof die Moltkes noch kennen. Der eine oder andere wird wohl Deutsch gesprochen haben, denn Polnisch hat Freya zu ihrem großen Leidwesen nie gelernt. Dass die Moltkes zu Besuch gekommen sind, dass sie einfach nur einmal sehen wollen,

wie es heute auf Kreisau steht, das hat sich schnell herumge-
sprochen.

Im darauffolgenden Jahr reist Freya mit ihrem Sohn Konrad
und dessen Frau Ulrike nach Schlesien; Konrad, der sich inzwischen für den Umweltschutz engagiert, ist zu einer Tagung über
Umweltfragen an die Universität Breslau eingeladen. Und dort,
an der alten Alma Mater von Helmuth James, der Universität, an
der auch Rosenstock-Huessy Professor war und mit der «Löwenberger Arbeitsgemeinschaft» das Fundament für den Kreisauer
Kreis gelegt hat, lehrt auch der Rechtshistoriker Karol Jonca. Er
hat den Kontakt zur Familie schon vor deren Besuch herstellen
wollen, denn er interessiert sich seit längerem für die Arbeit der
Kreisauer.

Eine Selbstverständlichkeit ist das in Polen nicht. Unter dem
kommunistischen Regime gelten zwei Grafen wie Moltke und
Yorck, gleich, welche Anschauungen sie vertreten haben mögen,
als Repräsentanten des reaktionären preußischen Militarismus.
Und selbst weniger linientreue Polen haben Schwierigkeiten,
den deutschen Widerstand zu verstehen und zu akzeptieren: Haben sich viele nicht erst zu einem Attentat entschlossen, als der
Krieg schon verloren war? Haben viele nicht den Überfall auf
Polen und den hemmungslosen Krieg gegen polnische Zivilisten
mitgetragen? Und hielt der konservative Teil des Widerstands
nicht an einer Vormachtstellung Deutschlands fest, an einem
Europa, in dem ein Wiedererstehen des polnischen Staates nicht
vorgesehen war?

Und selbst ein Verständnis für die Kreisauer, die all diese
Anschauungen eben nicht teilten, fällt noch schwer. Die Kreisauer schmiedeten Nachkriegspläne, der polnische Widerstand
kämpfte mit allen Mitteln und unter größten Verlusten gegen
eine grausame Besatzung. «Im Krieg befanden sich der deutsche

und der polnische Widerstand auf völlig anderen Planeten. Der deutsche hatte die Mehrheit der eigenen Gesellschaft gegen sich, der polnische hatte sie hinter sich.» Das klingt wie die Lagebeschreibung Moltkes, die er 1943 seinem britischen Freund Lionel Curtis zu schicken versuchte. Geschrieben hat es über fünfzig Jahre später der polnische Journalist Adam Krzemiński. «Und trotzdem», stellt er fest, «ähnelten manche Debatten im Kreis der deutschen Verschwörer und des polnischen Untergrundstaates einander. Ab wann darf man, ab wann muss man handeln? Welche Ergebnisse wird man erreichen, auf moralischer und auf realpolitischer Ebene?» Dass die Kreisauer überhaupt zur Kenntnis genommen oder sogar verstanden werden, dass sie an Bedeutung gewinnen, als die Polen sich nach der Verhängung des Kriegsrechtes die Frage stellen müssen, wie Widerstand gegen die eigene Regierung zu leisten ist, das ist sicherlich zu einem guten Teil auch der Arbeit Karol Joncas zu verdanken.

Dass es überhaupt jemanden in Polen gibt, der sich mit den Schriften der Kreisauer beschäftigt, ja, der sich sogar vorstellen kann, aus dem Gut einmal eine deutsch-polnische Begegnungsstätte zu machen und diesen Gedanken – wenngleich ohne Erfolg – polnischen Regierungsstellen vorschlägt, das berührt Freya zutiefst. «Sie glauben nicht, wie beglückend es für mich war, in Polen, im polnischen Schlesien, Freunde zu finden – wenn ich das so sagen darf –, sprechen zu können, zu neuem, wenn auch ganz anderem Leben zu kommen», schreibt sie Jonca nach ihrer Rückkehr in die USA. «Das schöne Land Schlesien ist jetzt nicht mehr weg und tot, es hat für mich ein neues Leben bekommen. Es ist ein Neubeginn, wenn auch ein ganz anderer. Ihnen mögen das groß klingende Worte sein, aber ich empfinde es genau so und auch sehr stark, wie sehr das im Sinne meines Mannes Helmuth ist.»

Im Sinne ihres Mannes – nicht des Landadeligen, der als junger Mann unter größten Mühen das Gut für seine Familie erhält. Sondern des visionären Denkers, der sich mitten in einem Krieg, in dem sich der Kontinent an den Rand der Selbstvernichtung bringt, ein vereinigtes Europa jenseits von engen Nationalismen vorstellte. In den siebziger Jahren, als Freya zum ersten Mal seit dem Oktober 1945 Kreisau besucht, ist im Westen ein Teil dieser Vision verwirklicht. Dass ein vereinigtes Europa eines Tages auch die Länder jenseits des Eisernen Vorhangs umfassen könnte, das hätte sich zu diesem Zeitpunkt wohl noch niemand vorstellen können. Noch ist eine Begegnungsstätte Kreisau ein schöner, aber ein ferner Gedanke.

## Ein bodenständiger Mensch

Sie sei, betont Freya immer wieder, ein sehr bodenständiger Mensch; ganz gewiss hat sie keinen Hang zu dem, was in Norddeutschland «Spökenkiekerei» genannt wird. Aber sie besitzt einen ausgeprägten Sinn und eine tiefe Dankbarkeit für die Fügungen ihres Lebens. «Ich hatte überhaupt viel Glück in meinen Schachzügen, die ich bis zum heutigen Tage gemacht habe. Man kann das Glück nennen. Man kann das noch anders nennen.»

Wie auch immer man es nennen will – für den Neubeginn Kreisaus fügt sich mit ihrer tätigen Mithilfe auf geradezu wunderbare Weise das geistige und politische Erbe Helmuth James von Moltkes und Eugen Rosenstock-Huessys.

Am Symposium anlässlich des hundertsten Geburtstages des

Universalgelehrten im Sommer 1988 nimmt auch der DDR-Bürgerrechtler und Theologe Wolfgang Ullmann teil. Er beschäftigt sich seit geraumer Zeit nicht nur mit dessen Schriften, auch entdeckt er in den Dokumenten der Kreisauer eine ungeheure politische Relevanz in den Zeiten des Umbruchs, der Ende der achtziger Jahre in Osteuropa stattfindet. Dem Freundeskreis (und auch Rosenstock-Huessy) ging es um eine Neubestimmung des Christentums, überhaupt der Religion für die moderne Gesellschaft – und hatten nicht gerade die Kirchen im Ostblock den größten Teil der Opposition gegen eine andere, die kommunistische Form des Totalitarismus getragen? Der Kreis um Yorck und Moltke hatte den Nationalsozialismus als eine Reaktion auf die Umbrüche der Industrialisierung und des Kapitalismus interpretiert und deshalb versucht, eine zukünftige Wirtschaftsordnung mit sozialistischen Elementen zu versehen – ist das eine Möglichkeit, den Systemkonflikt des Kalten Krieges zu entschärfen? Nicht zuletzt haben sie in ihrem außenpolitischen Programm versucht, ein Europa zu entwerfen, das frei ist von jahrhundertealten Spannungen zwischen Ost und West. Ist denn nicht genau jetzt die Zeit dafür gekommen? Auch Ullmann hat das Gut schon besucht; auch er ist von der Idee angetan, Kreisau zu einem Ort zu machen, an dem eine neue Generation über die Fundamente Europas nachdenken kann.

Ebenfalls Gast des Symposiums am Dartmouth College ist der Krakauer Jesuitenpater Adam Żak, der bislang über die Sprachphilosophie Rosenstock-Huessys gearbeitet hat. Jetzt beginnt er, sich intensiver mit der Rolle der Jesuiten Augustin Rösch und Alfred Delp auseinanderzusetzen. Freya ist es wohl, die ihm Helmuths zur Veröffentlichung bestimmte Briefe gibt, in denen er von den Ausfällen Roland Freislers gegenüber dem katholischen Orden berichtet. («Ausgerechnet mit einem Jesuitenpater besprechen Sie Fragen des zivilen Widerstands! Kein Deutscher kann doch einen Jesuiten mit der Feuerzange anfassen», hatte Freisler gebrüllt, was Moltke beinahe frech kommentiert: «Dass ich als Märtyrer für den heiligen Ignatius von Loyola sterbe, ist wahrlich ein Witz, und ich zittere schon vor Papi, der doch so antikatholisch war.»)

Nicht nur lässt Pater Żak die Briefe nach seiner Rückkehr sofort ins Polnische übersetzen, er stellt auch den Kontakt zum Club der Katholischen Intelligenz in Breslau her. Kein Jahr dauert es, da findet Anfang Juni 1989 in Breslau die erste Konferenz des KIK statt, die sich mit dem Erbe Kreisaus beschäftigt. Gemeinsam verfassen die Konferenzteilnehmer einen Brief an das polnische Außenministerium mit der Bitte, die Initiative für ein Begegnungszentrum zu unterstützen. Dass just zu dieser Zeit Wahlen stattfinden, die eine diesem gewogene Regierung an die Macht bringen, ist reiner Zufall. Dass Helmut Kohl deshalb eine Reise nach Polen plant, war nicht vorauszusehen. Dass all die Entwicklungen dieser Zeit eine Dynamik in Gang setzen, die schließlich zum Ende des Kalten Krieges führt, hat alle überrascht. So ist das geistige Fundament für den Neubau Kreisaus gelegt, die Netze, die es tragen werden, sind geknüpft; und mit den Fügungen der Geschichte schließlich entsteht die Möglichkeit, die langgehegten Pläne endlich zu verwirklichen.

## Die Stiftung

«Ihre Unterstützung wird uns bei der weiteren Arbeit am Wiederaufbau von Kreisau geistig helfen», schreibt Michal Czapliński, der Vorsitzende des KIK Breslau, im März 1990 an Freya. «Unsere Arbeit begrenzt sich nicht nur auf die Sorge um den Wiederaufbau. Noch in diesem Sommer wollen wir internationale Workcamps organisieren. Ihre Teilnehmer werden sowohl am Wiederaufbau wie auch für das Dorf arbeiten. Arbeit gibt es genug. Das Dorf ist alt, ohne jegliche technische Infrastruktur (außer Strom), kulturell vernachlässigt. (...) Wir könnten noch viel über unsere Pläne schreiben, es wäre aber noch besser, das alles zu erzählen und zu schreiben. Wir laden also wiederholt und herzlichst Sie und Ihre Angehörigen nach Breslau und Kreisau ein.»

Im August 1990 verpflichten sich die Bundesrepublik und Polen zur Errichtung der Jugendbegegnungsstätte. Die Regierung Mazowiecki überträgt dem Club der Katholischen Intelligenz die Rechte an Gut Kreisau für einen symbolischen Złoty. Als Finanzierung für den Wiederaufbau einigt man sich auf die Umwidmung eines Kredits, den die polnische Regierung an Deutschland hätte zurückzahlen müssen.

Am 8. November des gleichen Jahres, ein knappes Jahr nach dem Versöhnungsgottesdienst, der Kreisau wieder ins Bewusstsein der Öffentlichkeit gebracht hat, wird die «Stiftung Kreisau» für Europäische Verständigung» ins Leben gerufen – und Freya soll Ehrenvorsitzende werden. «Dass mir die Stiftung dieses Amt und die Ehrenmitgliedschaft im Stiftungsbeirat angetragen hat, empfinde ich meinerseits als große Ehre, und ich nehme dieses Amt gerne trotz meines hohen Alters an», sagt sie, fügt aber vorsichtig hinzu: «Dass ich durch die Familie und den Namen meines Mannes, Helmuth James von Moltke, mit dem Gut Kreisau verbunden bin, könnte für eine polnische Stiftung hinderlich sein. Ich hoffe aber, dass meines Mannes Name als eines Mannes des deutschen Widerstands gegen den Nationalsozialismus heller klingt als der eines früheren Gutsbesitzers. Und als Mitglied der deutschen Widerstandsgruppe ‹Kreisauer Kreis› wage ich, Ihr ehrenvolles Angebot anzunehmen.» Und weil es sich ja eben um eine polnische Stiftung handelt, schickt sie ihren Brief in einer polnischen Übersetzung.

Sie wird die Stiftung nicht als entrückte Ehrenvorsitzende und nicht nur geistig unterstützen, dazu ist sie viel zu sehr von der Bedeutung dieser Arbeit überzeugt. Wie sie sich selbst sehe und wie sie denn veranlagt sei, wird sie in einem Interview einmal gefragt. «Ach, gut fürs Leben», antwortet sie darauf. «Mehr kann ich eigentlich nicht dazu sagen. Ich bin gut fürs Leben und auch ganz nützlich für andere Leute, zur Unterstützung in deren Leben, das habe ich immer wieder viel festgestellt. Aber sonst mach ich mir gar nicht viele Gedanken über mein eigenes Wesen.»

Sie ist nicht nur «ganz nützlich für andere Leute», sie ist eine geborene Diplomatin und eine Königin in Sachen Unterstützung – genau diese Eigenschaften werden im sensiblen deutsch-polnischen Beziehungsgeflecht gebraucht. Nicht alle sind unbenommen glücklich über die Aktivitäten auf dem ehemaligen Gutshof der Moltkes. Bei manchem schwärt noch Misstrauen, dass «die Deutschen» vielleicht doch Ansprüche stellen könnten.

Freya wird in den nächsten Jahren fast jährlich die beschwerliche Reise von Vermont nach Berlin und von dort in mehrstündiger Zug- oder Autofahrt nach Kreisau oder Breslau auf sich nehmen – und in ihren Briefen immer die polnischen Namen Krzyżowa und Wrocław benutzen. Aber nie wohnt sie auf dem Gut, selbst als 1994 aus dem ehemaligen Pferdestall eine hübsche Jugendherberge mit komfortabel ausgestatteten Zimmern geworden ist. Immer fragt sie höflichst um Unterkunft beim Pfarrer Bolesław Kałuża aus der Nachbargemeinde Grädnitz nach. Sie möchte nicht als ehemalige Gutsherrin wahrgenommen werden, sondern als Gast der Stiftung. (Und vom Titel «Gräfin» hält sie auch nicht viel: Alle in der Familie hießen nur von Moltke, informiert sie knapp einen Briefeschreiber, der sie partout mit dem Adelstitel anreden möchte. «Es gab in Kreisau immer nur einen Grafen, und der letzte war mein Mann. Nur gesellschaftlich wäre der Titel zu benutzen und das heißt nach meinem Geschmack: gar nicht.»)

Pfarrer Kałuża ist nicht nur ein Freund der Familie Moltke geworden – er ist einer der wichtigsten Vermittler des Projektes in die Umgebung. Er stellt seiner Gemeinde die Besucher vor, er spricht in seinen Predigten von den Fortschritten auf Kreisau, die auch der Umgebung zugutekommen sollen. Und Freya ist es, die ihm immer wieder Mut zuspricht, wenn es, fast unvermeidlich, einmal zu Streitigkeiten kommt, wenn nicht alles gleich geklärt werden kann oder wenn er in seiner Erklärungsarbeit den Mut zu verlieren droht: «Sie wissen doch», schreibt sie ihm, «es gibt immer mindestens zwei Seiten, eine Sache anzusehen, und das große Kreisau/Krzyżowa-Projekt hat viel mehr als zwei Seiten, gute und weniger gute. Das ist so auf der Welt. Bitte, lieber Herr Pfarrer, erhalten Sie dem Projekt Ihre Gunst, oder finden Sie sie wieder! Das ist notwendig! Sie haben doch so freundlich gesagt, dass Sie etwas auf meine Ansicht geben: Nun, das Krzyżowa-Projekt braucht Ihre Gunst.»

Immer wieder ist sie die tätige Vermittlerin: «Lassen Sie das neue Kreisau nicht im Stich, auch wenn Sie sich über manches ärgern müssen und sich vielleicht sogar gekränkt fühlen. Sie wissen ja, wie wir alle Fehler machen – aber doch nicht nur Fehler!! Und in Kreisau ist viel Wundervolles geschehen und soll weiter viel Wundervolles geschehen. Das neue Kreisau muss für Europa und den Geist der Verständigung leben, und dafür ist es herrlich, dass es jetzt in Polen liegt», schreibt sie ein anderes Mal. Da ist sie schon siebenundachtzig Jahre und könnte die Schlichtung der bei großen Unternehmungen oft so kleinmütigen Streitereien längst anderen überlassen.

Alles, was «dem großen schönen Projekt Kreisau/Krzyżowa» dient, das treibt sie mit diplomatischem Geschick und reichlich Lebensweisheit, aber durchaus entschieden voran. Aber was ist mit ihren eigenen Vorstellungen? «Ich möchte auf den Kapellenberg, wo die Moltkes alle seit dem Feldmarschall begraben sind, eine Steinplatte für Helmuth legen. Die gibt es sonst nirgends. Und die soll auch nirgends außer dort hin», hatte sie 1967 an Ger van Roon geschrieben. Und jetzt, da sich die Möglichkeit bietet? Da ist ihr das Projekt Kreisau auf jeden Fall wichtiger als die Familiengeschichte, und so schmettert sie jeden von außen (und nicht selten) geäußerten Wunsch ab, man möge bei dieser ja ganz hübschen deutsch-polnischen Begegnungsarbeit doch auch nicht das preußische Erbe vergessen und jetzt endlich die während der vergangenen Jahrzehnte in Mitleidenschaft gezogene Grabstätte des Feldmarschalls renovieren. «Ich bin immer noch der Meinung, dass man auf dem Kapellenberg eines Tages die Namen aller dort Begrabenen wieder eingemeißelt auf Stein wieder sehen wird», schreibt sie einem dieser unermüdlichen Drängler. «Ob Sie und ich das noch erleben werden, ist eine andere Frage. Da kennen Sie ja meine Geduld.»

Um dem Ganzen einen offiziellen Charakter zu geben, lässt

sie Ähnliches im Januar 1994 auch gleich die Stiftungsleitung wissen. Und das in einer Absage an eigene Ansprüche, die so deutlich wohl noch selten formuliert worden ist: «Liebe Frau Unger, im Folgenden möchte ich ein Wort über die Zukunft des Kapellenbergs in Krzyżowa sagen.» (Das klingt schon ganz nach einem dezidiert geäußerten letzten Wort in dieser Angelegenheit.) «Die Familie von Moltke hat in Krzyżowa keine Ansprüche. Sie hat lediglich eine, nicht einmal sehr lange, Geschichte dort. Es ist wunderbar, dass wegen dieses Teils der Geschichte Krzyżowa heute hoffentlich eine Zukunft hat, die besserem menschlichem Zusammenleben dienen wird. Für den Gang der Geschichte der Familie Moltke in Kreisau setzt der Kapellenberg ein Zeichen. Ich bin dankbar, dass der Kapellenberg offenbar zu dem Gelände gehört, das die ‹Stiftung Kreisau für Europäische Verständigung› innehat. Das ermutigt mich, im Namen der Familie von Moltke die Bitte auszusprechen, es möchten auf dem Kapellenberg die Namen und Daten aller dort begrabenen oder beigesetzten Mitglieder der Familie von Moltke in bescheidener, aber würdiger Form sichtbar erhalten bleiben oder wiederhergestellt werden. Darüber hinaus möchte ich auch noch bitten, dass die Daten zweier weiterer Mitglieder der Familie von Moltke, die zwar nicht in Kreisau begraben sind, aber beide keine Gräber haben, dort festgehalten werden dürfen: Carl Bernhard von Moltke, der im Krieg 1941 über Afrika gefallen ist, und mein Mann, der von dem Hitler-Regime hingerichtet worden ist. Falls die Stiftung ein solches Vorgehen auf dem Kapellenberg gestatten sollte – so hat das alles jedenfalls Zeit. Die Familie von Moltke ist selbstverständlich bereit, für die Kosten aufzukommen. Ich wäre dankbar, wenn Sie meine Bitte zu gegebener Zeit der Stiftung vorlegen würden.»

Im Sommer 1998 wird auf dem Kapellenberg tatsächlich ein

schlichter, weißer Findling mit den Namen und den Geburts-
und Todesdaten Carl Bernhard und Helmuth James von Moltkes
gesetzt.

## «Das Staunen lernt man ganz spät im Alter»

Eine Gastgeberin, drei in Würde gealterte Damen und zwei
Regierungschefs – neun Jahre nach dem ersten Kreisau-Sym-
posium des Clubs der katholischen Intelligenz im Juni 1989
empfängt Ewa Unger auf der Terrasse des neu renovierten
Berghauses Bundeskanzler Kohl, den polnischen Premier Jer-
zy Buzek sowie Freya von Moltke, Rosemarie Reichwein und
Clarita von Trott zu Solz zur feierlichen Einweihung der Begegnungsstätte.

Nicht viel ähnelt mehr dem Haus zu jener Zeit, als Freya
und Romai dort abends heimlich BBC hörten, als sie kurz vor
Kriegsende Freyas Geburtstag mit einem Ständchen feierten, als
Adam von Trott zu Solz im Wohnzimmer seine Vorstellungen
eines neuen Europa nach dem Krieg darlegte. In den Räumen
im Erdgeschoss erinnern Schwarzweißbilder der Familie Moltke an die früheren Bewohner und schlichte Porträtfotos an die
Männer und Frauen, die 1942 und 1943 hier über die Zukunft
Deutschlands nachdachten und die, wie Adolf Reichwein, Adam
von Trott zu Solz, Helmuth James von Moltke und Peter Yorck
von Wartenburg, dieses Nachdenken mit ihrem Leben bezahlten. Das Obergeschoss wird zu Freyas großem Glück wieder
bewohnt. Das Berghaus, dieses, wie sie findet, «schönste Wohn-

haus der Welt», und Kreisau sind wieder belebt. Jetzt hat sich alles richtig gefügt.

«Es ist noch etwas am Alter, das bestimmt richtig ist – das hat der Goethe schon gesagt –, was auch etwas Schönes ist», bemerkt sie einmal in einem Interview. «Als junger Mensch nimmt man alles selbstverständlich hin. Als alter Mensch erscheint es als Wunder. Man staunt, man staunt! Das Staunen lernt man ganz spät im Alter, und das ist etwas Wunderschönes.»

Lange noch wird sie die Kraft haben, den weiten Weg nach Kreisau auf sich zu nehmen, wird die Theateraufführungen und Konzerte der Jugendlichen besuchen, sich geduldig all ihren Fragen stellen, und immer wird sie staunen über das, was dort gelungen ist. Gefragt, was sie denn heute ändern würde, antwortet sie dann auch prompt: «Gar nichts! Das ist alles sehr schön und gut, was Sie hier machen.» Nur eines würde sie vielleicht doch ein klein wenig vermissen: Kreisau sei doch mal ein so schöner landwirtschaftlicher Betrieb gewesen, vielleicht ließe sich «da eines Tages mal etwas machen».

Im Jahr 2004 wird sie mit der Gründung der Freya-von-Moltke-Stiftung noch einen Beitrag leisten, den polnischen Trägerverein und das Projekt Krzyżowa auch für die Zukunft finanziell abzusichern. Kreisau besucht sie in diesem Jahr zum letzten Mal. Zieht sie sich deshalb zurück? Gewiss nicht. Sie bleibt dem Leben zugewandt, wie sie stets dem Leben zugewandt war. Ihre Haustür in Norwich ist nie verschlossen, Gäste sind immer willkommen, am frühen Morgen schon erledigt sie ihre Korrespondenz – seit ihre Söhne Caspar und Konrad ihr zum neunzigsten Geburtstag einen Computer geschenkt haben, gerne auch per E-Mail.

«Wenn ich müde bin und kann nicht mehr, beklage ich mich selbst», sagt sie einmal im hohen Alter; im Stillen, ohne irgendjemanden mit ihren Klagen womöglich zu belästigen. «Bis ich wieder aus der Tür rauskomme, merken sie's nicht mehr.»

## Abschiede

Nie hat Freya einen Zweifel daran gelassen, dass sie ein reiches Leben geführt hat. Vielleicht hat sie eine Begabung für das Glück, eine Begabung, die schönen Seiten des Lebens zu sehen. Zuweilen, es scheint, in ihrer keckeren Stimmung, führt sie das auf ihre «rheinische Natur» zurück. Aber woher die Tiefe ihres Glücks kommt, hätte niemand besser ausdrücken können als sie selbst in ihrer Ansprache anlässlich des sechzigsten Jahrestages des 20. Juli in der Berliner St.-Matthäus-Kirche: «Als Angehörige des deutschen Widerstandes muss ich auch heute wieder und noch einmal klar und deutlich sagen: Jede Form und jeder Akt von Widerstand gegen den Nationalsozialismus haben sich gelohnt. Nichts davon war vergeblich. Jede Handlung gegen das schreiende Unrecht der NS-Diktatur hat Bedeutung. Es hat sich gelohnt, weil der deutsche Widerstand europäische Menschlichkeit durch die Jahre der Unmenschlichkeit in Deutschland lebendig gehalten hat. (…) Zu dem, was heute Menschlichkeit bedeutet, ist es gekommen, weil ihr Inhalt sich in den Anforderungen neuer Zeiten immer weiter gewandelt, verändert und erweitert hat. So war es in der Vergangenheit. So ist es in der Gegenwart, und so muss es auch bleiben. Sonst kann man den Glauben an die Zukunft aufgeben. Immer muss diese Menschlichkeit gegen den Ansturm ihrer Feinde verteidigt und den Anforderungen einer neuen Zeit entsprechend erweitert werden. Diese Menschlichkeit hat viele Gesichter, und es gehört auch dazu, gegen erkanntes Unrecht aufzustehen und sich reagierend dagegen aufzulehnen. (...) Wenn ich auf die Zeit des Nationalsozialismus zurückblicke, dann scheint sie mir, wie wir sie damals gelebt haben, durchaus nicht düster. Trotz der schweren Last der damaligen Zeitläufe, die auf allen Beteiligten lag, war es doch auch eine Zeit von neuen Freundschaften, von gegenseitigem Vertrauen und einer intensiven, selbstvergessenen Tätigkeit. Die Beschäftigung mit der Zukunft Deutschlands, sei es durch einen Staatsstreich von innen oder durch den Sieg der alliierten Mächte von außen, gab allen Beteiligten neuen Aufschwung. Es war ja eine politisch heterogene Gruppe und wollte das auch sein. Die Teilnehmer suchten Kompromisse, wie es die Demokratie verlangt. Aber darin waren sie alle einig: Der Einsatz lohnte sich, sowohl sein Inhalt wie sein Risiko. Und – das möchte ich hier auch sagen – beides trugen auch ihre Frauen bewusst mit, ob sie nun an der eigentlichen Tätigkeit der Gruppe beteiligt waren oder nicht. Mit ihren Frauen hatten die Männer Glück, aber auch die Frauen mit ihren Männern!»

Menschlichkeit – das ist das große Thema ihres Lebens. Menschlichkeit, das ist für sie die Zugewandtheit gegenüber jedem Einzelnen, der ihr begegnet; das ist die Gabe, mit der sie die fundamentale Änderung ihres späteren Mannes Helmuth James bewirkt hat, damals vielleicht noch, ohne es selbst so recht zu wissen. Mit dieser Gabe gelingt es ihr, im Kampf um das Leben dieses Mannes noch im schrecklichsten Menschen das kleinste Jota des Guten herauszubringen, das tief verborgen in ihm stecken mag.

Sie hat zahlreiche Abschiede nehmen müssen. Der lange,

innige Abschied von ihrem Mann hat ihr Kraft für ein langes Leben gegeben, in dem sie tatsächlich – wie sie es ihm einst angekündigt hatte – «anders geworden ist», aber dennoch immer bei ihm blieb. Sie hat den Tag des Abschieds von Eugen Rosenstock-Huessy lange gefürchtet, und «als er kam, da war er ganz anders, ja fast schön. Und ich konnte über meinem Kummer Größeres sehen, und das half.»

Als sehr betagte Frau verliert sie im Mai 2005 ihren Sohn Konrad, der ganz unerwartet an einer seltenen Form von Lungenkrebs stirbt. Wer vermag die Tiefe der Trauer zu messen, wenn, gleich welchen Alters, das Kind vor der Mutter geht? «Aber meine Mutter hatte immer eine Begabung, diejenigen, die sie liebte, gehen lassen zu können, ohne sie zu verlieren», sagt ihr älterer Sohn Helmuth Caspar. Das kann nur, wer freigebig liebt, ohne besitzen zu wollen. Nichts hat sie besitzen wollen, auch Kreisau nicht.

«Es macht glücklicher, wenn man nicht an sich denkt mit dem, was man tut», sagt sie in ihrem letzten Interview, das sie auf dem Gut, auf der Veranda des Berghauses gibt. «Ich will das gar nicht moralisch sagen, es ist einfach ein besseres Leben. Und das ist eigentlich auch aus den Kreisauern rauszuziehen, und das ist das Äußerste, sich einzusetzen für etwas, das beglückend, erfüllend und wieder neues Leben spendend ist, eine großartige menschliche Sache ist – darauf kommt es an.»

Am Neujahrstag 2010 stirbt Freya von Moltke im Alter von fast neunundneunzig Jahren. Das Weihnachtsfest hatte sie noch gemeinsam mit der in der ganzen Welt verstreuten Großfamilie gefeiert.

*Anhang*

## Danksagung

Dieses Buch wäre ohne die tätige Mithilfe von Familienangehörigen und Freunden Freya von Moltkes nicht zustande gekommen. Ganz besonderer Dank gilt ihrem Sohn Helmuth Caspar von Moltke, der nicht nur seine Erinnerungen mit mir geteilt, sondern immer wieder Nachfragen beantwortet hat. Gleiches gilt für Ulrike von Moltke, die zusammen mit ihrem Schwager Helmuth Caspar die Briefe herausgibt, die Freya von Moltke ihrem Mann während seiner viermonatigen Haft im Tegeler Gefängnis bis zu seiner Hinrichtung am 23. Januar 1945 geschrieben hat.

Ganz herzlich danken möchte ich auch Dorothy von Huelsen, der Tochter Jowo von Moltkes, Veronica Jochum von Moltke, der Frau Willo von Moltkes, Philipp Wendland, dem Sohn Asta Henssels, geborene von Moltke, Freya von Moltkes Vetter Uli Busch und dessen Frau Thea sowie Monika Hacker, Annemarie Franke von der Stiftung Kreisau/Krzyżowa und Agnieszka von Zanthier von der Freya-von-Moltke-Stiftung in Berlin.

Sie alle haben mir mit Geduld, Offenheit und Freude einen Menschen lebendig werden lassen, der ihnen unendlich viel bedeutet hat. Nicht einer von ihnen konnte über Freya sprechen, ohne zu leuchten. Selten ist ein Mensch wohl so geliebt worden, und das zu erleben war ein Geschenk.

Angeregt wurde dieses Buch von meinem Lektor Jens Dehning. Ihm sei herzlicher Dank für die Idee, und ihm und seiner Kollegin Sarah Otter sei herzlicher Dank für die gelassene, aber entschlossene Ruhe, die sie auch in der hektischen Endphase des Schreibens bewahrt haben.

# Personenregister

# Literatur

VON FREYA VON MOLTKE

Erinnerungen an Kreisau 1930–1945, München 1997.
*Ein wunderbar lebendig erzähltes Büchlein über die Kreisauer Zeit
Freya von Moltkes, das auch die 1961 entstandene und 1984 zum
ersten Mal veröffentlichte Geschichte über die «Letzten Monate in
Kreisau» enthält.*

Die Kreisauerin. Gespräch mit Eva Hoffmann in der Reihe
«Zeugen des Jahrhunderts», herausgegeben von Ingo Hermann,
Göttingen 1992 *(leider vergriffen).*
*Freya von Moltke gibt Auskunft über den Widerstand, das Leben mit
Eugen Rosenstock-Huessy, das Altern und ihre Lebensphilosophie.*

Mit Annedore Leber: Für und wider. Entscheidungen in Deutschland 1918–1945, Berlin 1961 *(leider vergriffen).*

Mit Michael Balfour und Julian Frisby: Helmuth James Graf von
Moltke. 1907–1945, Berlin 1991.
*Die von Freya von Moltke übersetzte und von ihr auch wesentlich
ergänzte Ausgabe der 1972 in Großbritannien erschienenen Moltke-
Biographie.*

Freya von Moltke, Helmuth James von Moltke: Abschiedsbriefe Gefängnis Tegel: September 1944–Januar 1945, herausgegeben von Helmuth Caspar von Moltke und Ulrike von Moltke, München 2011.

Helmuth James von Moltke: Briefe an Freya 1939–1945, herausgegeben von Beate Ruhm von Oppen, München 2007.

Helmuth James von Moltke: «Im Land der Gottlosen». Tagebuch und Briefe aus der Haft 1944/45. Mit einem Geleitwort von Freya von Moltke, herausgegeben von Günter Brakelmann, München 2009.

Dorothy von Moltke: «Ein Leben in Deutschland». Briefe aus Kreisau und Berlin 1907–1934. Eingeleitet und übersetzt von Beate Ruhm von Oppen, München 1999.

Frühe Briefe Helmuth James von Moltkes, die Abschiedsbriefe Freya von Moltkes und ihre Briefe an Lambert Schneider und Carl Zuckmayer befinden sich im Literaturarchiv Marbach.

Der Nachlass Frau von Moltkes ist noch ungeordnet, ihm sollen weitere Briefe an Freunde und Familie zugeordnet werden. Mein Dank gebührt den Mitarbeitern des Archivs Marbach, besonders Dr. Ulrich von Bülow, die mir diesen Nachlass zur Verfügung gestellt haben.

Die Briefe von Freya von Moltke an Pfarrer Bolesław Kałuża stammen aus dessen Nachlass und wurden von dessen Nichte, Frau Lucyna Griger, dem Archiv der Stiftung Kreisau/Krzyżowa für Europäische Verständigung zur Verfügung gestellt. Diesem

Archiv entstammt auch der Briefwechsel zwischen Freya von Moltke und dem Club der Katholischen Intelligenz sowie alle späteren in diesem Buch zitierten Briefe zur Errichtung der Stiftung.

ERINNERUNGSBÜCHER

Hans Deichmann: Gegenstände, München 1995.

Rosemarie Reichwein: Die Jahre mit Adolf Reichwein prägten mein Leben, München 1999.

Marion Yorck von Wartenburg: Die Stärke der Stille. Erzählungen eines Lebens aus dem deutschen Widerstand, München 1987.

WEITERFÜHRENDE LITERATUR

Günter Brakelmann: Helmuth James von Moltke. 1907–1945. Eine Biographie, München 2007.

Annemarie Cordes (Hrsg.): Brücken schlagen. Briefe zum 90. Geburtstag an Freya von Moltke, München 2003.

Joachim Fest: Staatsstreich. Der lange Weg zum 20. Juli, München 1994.

Klaus Harpprecht, Harald Poelchau: Ein Leben im Widerstand, Reinbek 2004.

Olaf Jessen: Die Moltkes. Biografie einer Familie, München 2010.

Jochen Köhler: Helmuth James von Moltke. Geschichte einer Kindheit und Jugend, Reinbek 2008.

Dorothee von Meding: Mit dem Mut des Herzens. Die Frauen des 20. Juli, Berlin 1992.

Ger van Roon: Helmuth James Graf von Moltke. Völkerrecht im Dienste der Menschen, Berlin 1986.

Eugen Rosenstock-Huessy: Aberglaube, Religion, Häresie. Der Verrat im 20. Jahrhundert. Mitteilungsblätter der Eugen-Rosenstock-Huessy-Gesellschaft, Berlin 2004.

Eugen Rosenstock-Huessy: Im Kreuz der Wirklichkeit. Drei Bände, Mössingen-Talheim 2009.

Jochen Thies: Die Moltkes. Von Königgrätz nach Kreisau. Eine deutsche Familiengeschichte, München 2010.

Volker Ulrich: Der Kreisauer Kreis, Reinbek 2008.

Kreisau–Krzyżowa. Geschichts- und Zukunftswerkstatt für Europa, herausgegeben von der Kreisau-Initiative Berlin und der Stiftung Kreisau für Europäische Verständigung, Berlin/ München 2010.

Hellmut Schlingensiepen im Gespräch mit Freya von Moltke (1911–2010), Dokumentarfilm, Deutschland, 2010 (48 Minuten)

«Kreisau lebt!» Ein Film von Alexander Weisswange-Lehmann, Freya-von-Moltke-Stiftung, 2005 (24 Minuten)

# Ahnentafel

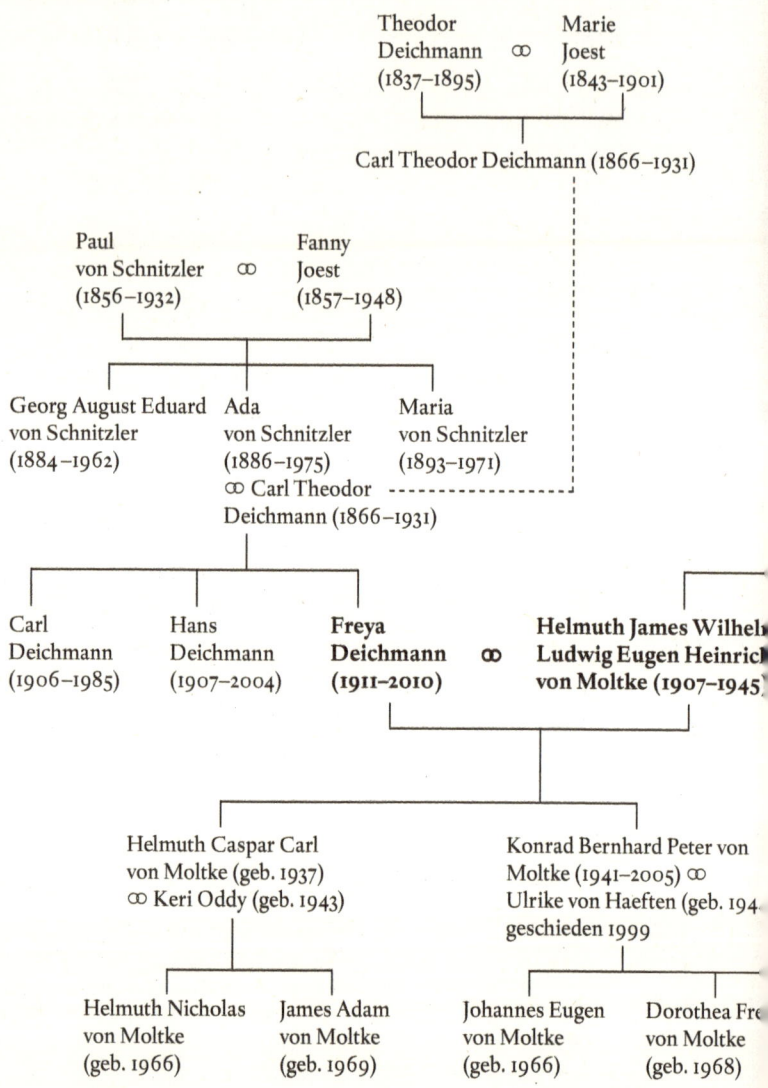

Theodor Deichmann (1837–1895) ∞ Marie Joest (1843–1901)

Carl Theodor Deichmann (1866–1931)

Paul von Schnitzler (1856–1932) ∞ Fanny Joest (1857–1948)

Georg August Eduard von Schnitzler (1884–1962)

Ada von Schnitzler (1886–1975) ∞ Carl Theodor Deichmann (1866–1931)

Maria von Schnitzler (1893–1971)

Carl Deichmann (1906–1985)

Hans Deichmann (1907–2004)

**Freya Deichmann (1911–2010)** ∞ **Helmuth James Wilhelm Ludwig Eugen Heinrich von Moltke (1907–1945)**

Helmuth Caspar Carl von Moltke (geb. 1937) ∞ Keri Oddy (geb. 1943)

Konrad Bernhard Peter von Moltke (1941–2005) ∞ Ulrike von Haeften (geb. 194.) geschieden 1999

Helmuth Nicholas von Moltke (geb. 1966)

James Adam von Moltke (geb. 1969)

Johannes Eugen von Moltke (geb. 1966)

Dorothea Fre. von Moltke (geb. 1968)

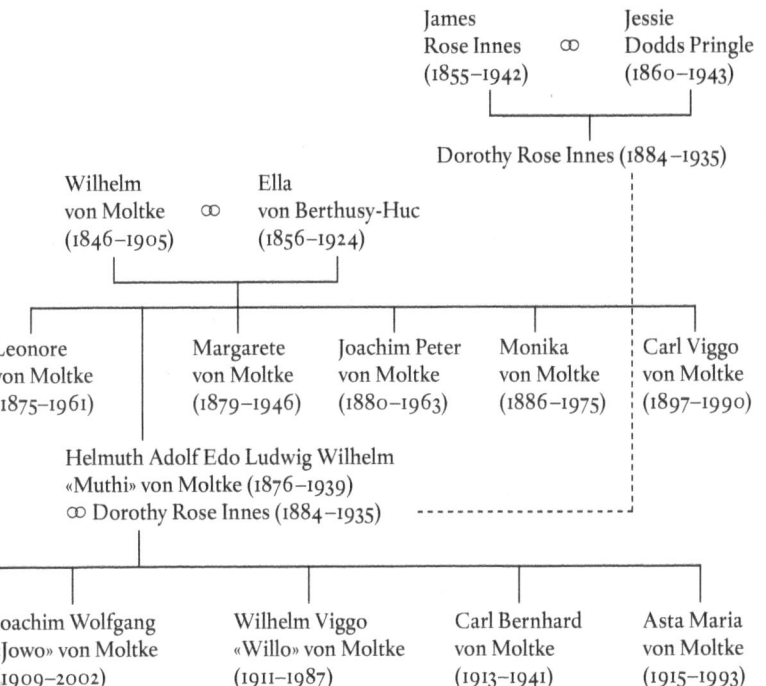

James
Rose Innes
(1855–1942)
∞
Jessie
Dodds Pringle
(1860–1943)

Dorothy Rose Innes (1884–1935)

Wilhelm
von Moltke
(1846–1905)
∞
Ella
von Berthusy-Huc
(1856–1924)

Leonore
von Moltke
(1875–1961)

Margarete
von Moltke
(1879–1946)

Joachim Peter
von Moltke
(1880–1963)

Monika
von Moltke
(1886–1975)

Carl Viggo
von Moltke
(1897–1990)

Helmuth Adolf Edo Ludwig Wilhelm
«Muthi» von Moltke (1876–1939)
∞ Dorothy Rose Innes (1884–1935)

Joachim Wolfgang
«Jowo» von Moltke
(1909–2002)

Wilhelm Viggo
«Willo» von Moltke
(1911–1987)

Carl Bernhard
von Moltke
(1913–1941)

Asta Maria
von Moltke
(1915–1993)

Daniel Caspar
von Moltke
(geb. 1968)

Jakob Helmuth
von Moltke
(geb. 1980)

## Die Mitglieder des Kreisauer Kreises

*Peter Yorck von Wartenburg* und *Helmuth James von Moltke* waren in beständigem, vorsichtigem Kontakt mit Menschen unterschiedlichster beruflicher Stellung, sozialer Herkunft oder politischer Überzeugung, die wie sie den Nationalsozialismus ablehnten, von denen sie hofften, Unterstützung zu finden, oder die sie zumindest überreden wollten, den Verbrechen des Nationalsozialismus Einhalt zu gebieten, wo auch immer sie es nur vermochten. Nicht alle konnten an den Versammlungen der Gruppe in Kreisau teilnehmen. Zum engeren Kreis aber gehörten neben Yorck und Moltke, «Herz und Kopf» der Gruppe, folgende Personen:

*Pater Alfred Delp* (1907–1945) trat nach dem Abitur in den Jesuitenorden ein. Nachdem die Gestapo die Jesuitenzeitschrift verbot, deren Redakteur er war, wurde er Rektor der kleinen St.-Georgs-Kirche in München. In den Kreisauer Kreis kam der Experte für die katholische Soziallehre über Pater Augustin Rösch. Er wurde am 28. Juli 1944 verhaftet, zusammen mit Moltke zum Tod verurteilt und am 2. Februar 1945 hingerichtet.

*Horst von Einsiedel* (1905–1948), Mitarbeiter in der «Löwenberger Arbeitsgemeinschaft» des Breslauer Professors Eugen Rosenstock-Huessy. Der Ökonom, der 1930 in die SPD eingetreten war, fand Unterschlupf in der «Reichsstelle Chemie» des Reichswirtschaftsministeriums. Er entging der Verhaftungswelle nach dem 20. Juli und starb 1948 im sowjetischen Speziallager Sachsenhausen.

*Otto Heinrich von der Gablentz* (1898–1972) war ebenfalls Ökonom und Mitarbeiter der «Reichsstelle Chemie» und trug wie Einsiedel zu den Kreisauer Plänen einer neuen Wirtschaftsordnung bei. Die Gestapo verdächtigte ihn, zum Kreis der Attentäter des 20. Juli zu gehören, was ihm aber nicht nachgewiesen werden konnte. 1948 war er einer der Wiederbegründer der Deutschen Hochschule für Politik, 1953 bis 1966 war er Professor für Politikwissenschaft an der Freien Universität Berlin.

*Eugen Gerstenmaier* (1906–1986) arbeitete 1933 mit Pfarrer Martin Niemöller zusammen, wurde 1937 als Theologe noch habilitiert, erhielt aber keine Lehrerlaubnis. 1939 wurde er in der kulturpolitischen Abteilung des Auswärtigen Amtes kriegsverpflichtet, wo er Hans Bernd von Haeften und Adam von Trott zu Solz traf. Am 20. Juli 1944 befand er sich im Bendlerblock, wurde verhaftet, aber als einer der wenigen Attentäter «nur» zu sieben Jahren Zuchthaus verurteilt. 1949 wurde er als CDU-Politiker in den Bundestag gewählt, von 1954 bis 1969 bekleidete er das Amt des Bundestagspräsidenten.

*Hans Bernd von Haeften* (1905–1944). Der Jurist, der unter anderem Austauschstudent am Trinity College in Cambridge war, trat 1933 ins Auswärtige Amt ein, bekleidete Außenposten in Kopenhagen, Wien und Bukarest, bevor er 1942 Stellvertretender Leiter der Informationsabteilung wurde – so war es ihm möglich, genaue Informationen über die Kriegsverbrechen der Nazis einzuholen. Zusammen mit seiner Frau Barbara gehörte er der Bekennenden Kirche an. Als Adjutant Stauffenbergs zählte sein Bruder Werner zu den Attentätern, die noch am 20. Juli 1944 im Bendlerblock erschossen wurden. Er wurde am 23. Juli verhaftet, am 15. August zum Tod verurteilt und am gleichen Tag hingerichtet.

*Theodor Haubach* (1896–1945) studierte Philosophie bei Karl Jaspers in Heidelberg. Ab 1930 arbeitete er als Pressereferent der preußischen Regierung und engagierte sich für die «Neuen Blätter des Sozialismus». 1934 bis 1936 wurde der Freund Julius Lebers im KZ Esterwegen interniert, nach dem 20. Juli ebenfalls verhaftet und zusammen mit Helmuth James von Moltke am 23. Januar 1945 hingerichtet.

*Paulus van Husen* (1891–1971). Der Staatsrechtler, der 1934 zunächst seines Amtes entbunden wurde, aber im Preußischen Oberverwaltungsgericht unterkam, beschäftigte sich im Kreisauer Kreis mit der Frage der Bestrafung der «Rechtsschänder». Im Oktober 1944 wurde er von der Gestapo verhaftet, im April 1945 in einer der letzten Sitzungen des Volksgerichtshofes zu drei Jahren Zuchthaus verurteilt und wenig später von den Alliierten aus dem Gefängnis Plötzensee befreit. Im Auftrag der amerikanischen Militärregierung baute er die Verwaltungsgerichtsbarkeit auf, wurde 1952 Präsident des Verfassungsgerichtshofes für das Land Nordrhein-Westfalen.

*Lothar König* (1906–1946), Sekretär und Bevöllmächtigter von Pater Augustin Rösch. Im Kreisauer Kreis war er meist als Verbindungsmann zu verschiedenen Bischöfen unterwegs. Nach dem 20. Juli konnte er fliehen, erkrankte aber im Untergrund schwer, ohne ärztliche Hilfe holen zu können. Er starb 1946.

*Julius Leber* (1891–1945). Im März 1933 wurde der SPD-Abgeordnete im Reichstag verhaftet und bis 1937 in den Konzentrationslagern Esterwegen und Sachsenhausen interniert. Nach seiner Entlassung baute er sich als Teilhaber einer Kohlehandlung eine neue Existenz auf – in deren Hinterzimmern aber trafen sich oppositionelle Sozialdemokraten. Er unterhielt Kontakte zu Claus Graf Schenk von Stauffenberg, Carl-Friedrich Goerdeler und den Kreisauern. Bei einem Treffen von Leber und Adolf Reichwein mit Kommunisten am 4. Juli 1944 wurde er von einem Spitzel verraten, am 20. Oktober zum Tod verurteilt und am 5. Januar 1945 hingerichtet.

*Hans Lukaschek* (1885–1960) war in den zwanziger Jahren Landrat in Oberschlesien, wurde 1933 entlassen und ließ sich als Anwalt in Breslau nieder. Im Kreisauer Kreis beschäftigte sich der Katholik mit Verfassungsfragen. Nach dem Attentat wurde er verhaftet und gefoltert – aufgrund dieser Tatsache sprach ihn der Volksgerichtshof 1945 frei. Er begründete die CDU in Thüringen, verließ dann aber aus politischen Gründen die Sowjetische Besatzungszone, wurde erster Vertriebenenminister im Kabinett Adenauer und leitete nach seinem Ausscheiden aus der Bundesregierung 1953 den deutschen Caritasverband.

*Carlo Mierendorff* (1897–1943). Der Einfluss des Sozialdemokraten und Gewerkschaftsführers auf den Kreisauer Kreis ist wohl nicht zu unterschätzen. 1933 bis 1938 war er in verschiedenen Konzentrationslagern interniert. Nach seiner Entlassung erhielt er eine Anstellung in einem Rüstungsbetrieb, seine oppositionellen Tätigkeiten führte er weiter. Er starb 1943 während eines Luftangriffs auf Leipzig.

*Hans Peters* (1896–1966), Jurist, Teilnehmer an der «Löwenberger Arbeitsgemeinschaft» und seit 1928 außerordentlicher Professor an der Berliner Universität, wurde 1940 wegen «politischer Unzuverlässigkeit» in den Luftwaffenführungsstab versetzt, wo er mit Moltke in Verbindung trat. Als Mitglied der CDU gehörte er zu den Mitautoren der Verfassung von Berlin. 1949 nahm er eine Professur der Universität Köln an, deren Rektor er von 1964 bis 1965 war.

*Harald Poelchau* (1903–1972) wurde kurz vor der «Machtergreifung» der NSDAP Gefängnispfarrer in der Justizvollzugsanstalt Tegel. Er wurde nach der Verhaftungswelle vom 20. Juli nicht als Mitglied eines oppositionellen Kreises identifiziert und konnte den Verurteilten und den in «Sippenhaft» befindlichen Frauen der Attentäter beistehen. Mit Eugen Gerstenmaier war er Mitbegründer des Evangelischen Hilfswerks, ab 1949 war er als Sozialpfarrer in Berlin tätig.

*Adolf Reichwein* (1898–1944) war in den zwanziger Jahren Referent des preußischen Kulturministers Carl Heinrich Becker und engagierte sich im Zuge dieser Tätigkeit auch bei der «Löwenberger Arbeitsgemeinschaft», über die er in Kontakt mit Yorck und Moltke kam. Er vermittelte die Verbindung zu Mierendorff und Haubach. Zusammen mit Julius Leber am 4. Juli 1944 verhaftet, wurde Reichwein von Roland Freisler zum Tod verurteilt und am 20. Oktober hingerichtet.

*Augustin Rösch* (1893–1961) war Provinzial der Oberdeutschen Provinz des Jesuitenordens, lernte Moltke 1941 kennen und stellte für die Kreisauer den Kontakt zu oppositionellen Gruppen der katholischen Kirche her. Nach dem 20. Juli konnte er bei einem Bauern untertauchen. Am 11. Januar 1945 wurde er von der Gestapo entdeckt; die Familie, die ihn versteckt hielt, wurde ins KZ Dachau verschleppt, Rösch in das Berliner Gefängnis an der Lehrter Straße gebracht und dort schwer gefoltert. Kurz vor der Erstürmung Berlins durch die Rote Armee wurde er freigelassen. Bis 1961 war er Landesdirektor der Caritas Bayern.

*Theodor Steltzer* (1885–1967) war in den zwanziger Jahren Landrat in Rendsburg und wurde 1933 entlassen, bis 1938 war er Sekretär der Evangelischen Michaelisbruderschaft in Marburg. Da er als Offizier im Ersten Weltkrieg gekämpft hatte, wurde er 1939 eingezogen, zunächst im Polenfeldzug eingesetzt und dann zum Generalstab des Oberbefehlshabers in Norwegen versetzt. Dort kam er in Kontakt mit Moltke. Nach dem 20. Juli wurde er verhaftet, am 15. Januar zum Tod verurteilt – aufgrund der Fürsprache schwedischer und finnischer Freunde wurde die Hinrichtung aufgeschoben; Ende April 1945 wurde er aus der Haft entlassen. 1955 bis 1960 war er Geschäftsführender Präsident der von ihm mitbegründeten Deutschen Gesellschaft für Auswärtige Politik e. V.

*Carl Dietrich von Trotha* (1907–1952) war ein Vetter Helmuth James von Moltkes und hatte einen großen Teil seiner Kindheit auf Kreisau verbracht. Wie Yorck war er im Reichswirtschaftsministerium tätig und zuvor auch in der «Löwenberger Arbeitsgemeinschaft» aktiv gewesen. Er arbeitete in der «Arbeitsgruppe Wirtschaft» der Kreisauer, die sich oft in Trothas Wohnung traf. Nach dem 20. Juli blieb seine Teilnahme unentdeckt, während der Haftzeit Moltkes wohnte Freya von Moltke die meiste Zeit bei ihm. Ab 1948 lehrte er an der Deutschen Hochschule für Politik in Berlin, er starb während eines USA-Aufenthalts bei einem Autounfall.

*Adam von Trott zu Solz* (1909–1944) war Jurist und Diplomat im Auswärtigen Amt, wo er eng mit Hans Bernd von Haeften zusammenarbeitete. Im Kreisauer Kreis entwickelte er ein außenpolitisches Konzept, das im Wesentlichen auf dem Europa-Gedanken basierte. Er stellte die Verbindungen zwischen Stauffenberg und den Kreisauern, vor allem Peter Yorck von Wartenburg, her, unterhielt aber auch Kontakte zu anderen Oppositionsgruppen. Mehrmals hatte der ehemalige Rhodes-Stipendiat auch versucht, Kontakte zu britischen und amerikanischen Regierungskreisen zu knüpfen. Er wurde am 25. Juli 1944 verhaftet und am 26. August in Plötzensee hingerichtet.